open·世界工匠精神书系

|德国著名企业只做不说的秘密|

Womit ich nie gerechnet habe

格茨·维尔纳

德国dm企业创始人的成功奥秘

[德] 徐菲·施莱克 / 主编

[德] 格茨·维尔纳 / 著　英可 / 译　　[德] 徐菲·施莱克 / 校译

贵州出版集团
贵州人民出版社

图书在版编目（CIP）数据

格茨·维尔纳：德国dm企业创始人的成功奥秘 /（德）格茨·维尔纳著；英可译. -- 贵阳：贵州人民出版社，2018.12
（open·世界工匠精神书系）
ISBN 978-7-221-14981-7

Ⅰ.①格… Ⅱ.①格… ②英… Ⅲ.①格茨·维尔纳—传记 Ⅳ.①K835.165.38

中国版本图书馆CIP数据核字(2018)第285150号

Impressum
Ungekürzte Ausgabe im List Taschenbuch
List ist ein Verlag der Ullstein Buchverlage GmbH, Berlin.
1. Auflage Januar 2015
© Ullstein Buchverlage GmbH, Berlin 2013 / Econ Verlag
Umschlaggestaltung: ZERO Werbeagentur, München,
unter Verwendung einer Vorlage von Etwas Neues entsteht, Berlin
Titelabbildung: © Andreas Pohlmann, München
Satz: LVD GmbH, Berlin
Gesetzt aus der Aldus
Papier: Pamo Super von Arctic Paper Mochenwangen GmbH
Druck und Bindearbeiten: CPI books GmbH, Leck
Printed in Germany
ISBN 978-3-548-61254-6

著作权合同登记图字：22-2017-14号

格茨·维尔纳：德国dm企业创始人的成功奥秘

著　　者：	[德]格茨·维尔纳（Götz W. Werner）
译 校 者：	英可 / 译　　[德]徐菲·施莱克 / 校译
组稿编辑：	谢丹华　黄筑荣
组稿编辑助理：	何文龙
责任编辑：	杨抒婕
出版发行：	贵州出版集团　贵州人民出版社
地　　址：	贵阳市观山湖区会展东路SOHO办公区A座
邮　　编：	550081
装帧设计：	贵州创世天际印务设计有限公司
印　　刷：	贵阳精彩数字印刷有限公司
开　　本：	880毫米×1230毫米　1/32
印　　张：	9.5　字数：210千字
版次印次：	2018年12月第1版　2018年12月第1次印刷
书　　号：	ISBN 978-7-221-14981-7
定　　价：	36.00元

本书获2016年贵州省出版传媒事业发展专项资金资助

出版说明

近年来,无论是"一带一路"倡议、亚投行,还是"中国制造2025",无不昭示着新时代的中国正以开放、发展、创新、合作的姿态面向世界。我们策划的这套"open·世界工匠精神书系"正是立意于此,旨在向中国读者介绍世界优秀企业和企业家以及在他们身上所体现出来的"工匠精神"。而说到"工匠精神","德国制造"世界闻名,其代表,如汽车领域的奔驰、电气领域的西门子、化学领域的拜耳,等等,无不享誉世界,有口皆碑,诠释着一丝不苟、兢兢业业、锐意臻美的工匠精神。

他山之石,可以攻玉。本书系选取了德国最具代表性的一些家族企业和人物的传记进行译介出版。通过这套书,读者能够更深入地了解严谨理性的日耳曼民族是如何在工作中践行标准主义、完美主义、精准主义、专注主义和实用主义的,而这些文化特征又是如何成就了"德国制造",成为百年传承的根基的。而在此基础上,读者必将会对"工匠精神"有更深入的思考和理解。

此次出版的"open·世界工匠精神书系"共有6种书,分别是:《摩恩家族——德国贝塔斯曼出版公司的掌舵人》《弗利克家族——德国经济发展史上的传奇色彩》《涅克曼家族——德国邮递百货巨擘的荣耀与耻辱》《厄特克尔家族——德国食品王朝的生意奥秘》《蒂森家族——德国钢铁世家的悲剧》《格茨·维尔纳——德国dm企业创始人的成功奥秘》。除《格茨·维尔纳——德国dm企业创始人的成功奥秘》一书是个人传记外，其余5本均为家族传记，主要讲述了摩恩、弗利克、涅克曼、厄特克尔、蒂森五大家族和格茨·维尔纳的创业史，并揭露了许多不为人知的企业和家族内幕。

  这6种书是由本套丛书的主编德籍华人徐菲·施莱克女士选定的。徐菲主编长期在德国工作和生活，对德国的文化和国情都十分熟悉，她选择的这些作品所介绍的企业或家族，在德国乃至全世界都有着很强的影响力，能够充分诠释出"德国制造"的内涵。而且，这些作品都侧重纪实性，内容深入浅出，在德国面世以来广受读者欢迎。而在作者方面，本套丛书除了《格茨·维尔纳——德国dm企业创始人的成功奥秘》是由企业家为自己作传以外，其余5本均由德国知名报刊的记者或专栏作家执笔，而翻译则是由主编组织精通德文的译者来进行，足以保证本译丛内容的权威性和可读性。

  "open·世界工匠精神书系"是一套体现创业创新精神的学习型丛书，其视野是开放的、全球性的、面向未来的，其姿态是积极的、进取的。我们希望这套丛书能够让广大读者开拓视野，有所收获。

Contents | 目　录

前言　确信无疑 或 为什么我在生活中没学到什么 / 001

第一章　开端 或 我如何事与愿违地成立了一个公司 / 009
一个酝酿中的想法 / 011
解除约定价格——破产的开始？ / 014
爆满的收银台和世界上动作最快的收银员 / 017

第二章　日化卫生保健品商店的芳香 或 企业家道貌岸然的怒气生于何处 / 020
没有互联网，没有城际快铁，但有对世界的极大兴趣 / 022
战无不胜：技术上最完美的德国双人艇划手 / 024
B.B.和K.K.之间 / 027
横空一道闪电：哈尔茨堡模式 / 029
"父亲，如果你继续这样做下去会破产的" / 031
砰的一声，生活的梦想破碎了 / 033
"雄心太大，绝无实现的可能！" / 036

第三章　关注于人 或 成功之所以被称为成功的理由 / 038
一位朋友来访，看到情况后感到很惊讶 / 040

运用字相学筛选成筐的求职书 / 042
"年轻人，你必须学习！" / 045
杜提，一个巨人成为榜样 / 047
"请问，您是不是研究过人智学？" / 049
三个问题改变了世界（视野）/ 051
解决一切日常问题的宝库 / 053
思考——在"生活的大学"中 / 055
人被判定为非十全十美 / 057
完善顾客的消费需求 / 059

第四章　现实之梦或今天的乌托邦如何成为明天的现实 / 064
有机——纯粹的痴人说梦？ / 067
dm品牌——一个成功的故事 / 070
如果事情真的发展到这一步，那是我们共同的任务 / 073

第五章　团结互助或一个"短时工"如何搅乱了dm的局面 / 077
最佳答案？三个反问！ / 080
新的领导逻辑：从发布命令者变为引导者 / 082
谦卑的学校 / 085
从后往前取代自上而下 / 088
从知道如何到知道为何的问题 / 091
人是目的，不是手段 / 095

第六章　课题项目工作 或 如何明智地建立一个商品经营系统 / 097
扫描收银机和EAN码（欧洲商品编码）——这是一个先有鸡还是先有蛋的游戏 / 100
专业化的项目管理——"企业里的民主" / 102
毛头小子与企业领导相遇——共同合作达到目标 / 106
"这里没有错误！" / 108

第七章　保持创新 或 为什么我最喜欢不满足的同事，我自己非常乐意"剽窃" / 112
廉价推销员和思想"剽窃"能手 / 115
紫色的柱子指明逃生的出路 / 117
每天寻求企业的创新 / 120
吐故比纳新更重要 / 122
习惯做法和创新的交替节奏 / 124
企业是拳击场 / 127

第八章　机智沉着 或 如何在耽误了一件重要事情的情况下还能把握事态的发展 / 129
向东部进军——dm成为多瑙河畔的君主 / 131
涉足未知的领域 / 134
"这下轮到你了！去做吧！" / 136
沉着镇定：正常的企业精神状态 / 139
销售额是顾客的掌声 / 140
重要的一课：做了四周的母亲 / 142
用横笛吹出生平传记 / 146

第九章　对话式的领导方法 或 我如何最终学会去观察，停止给员工发号施令 / 150
同一性的幻想 / 154
学习观察 / 156
自主判定，自主负责 / 158
领导成为自我领导 / 160
每个人都是一个生活的企业家 / 163
双手插在裤兜里 / 166
动机和破坏，小男人的复仇 / 168
两种对人的傲慢的看法 / 171

第十章　分店掌权 或 报纸上的一篇文章如何彻底动摇了金字塔式的等级制 / 175
一个企业——不是机器，而是人 / 178
废除领导 / 181
"我不做的话那该谁来做？" / 182
辅助取代领导手册 / 185
这场变革是一场革命：它必须成功 / 187

第十一章　绝对以顾客为重 或 为什么促销令人反感，有些时候价格以5结尾比以9结尾更好 / 190
特价促销是为商人着想，而不是为顾客着想 / 192
有意愿的人能找到出路，没有意愿的人找到的只是理由 / 194
终止发行实用广告和抛弃基本商品模式 / 197
每件商品都必须便宜！ / 199
dm颠倒广告内容 / 201

"在此我是人,在此我可以作为人存在" / 203

第十二章 价值形成的核算 或 为什么在dm没有人工成本,在年终核算中看不到盈利 / 206
巨大的区别:人工成本和员工收入 / 208
拥有透明工资体系的团结整体 / 209
企业作为社会有机体 / 212
施莱克尔公司的增长奇迹 / 214
"施莱克尔——行业中最无成效的企业!" / 217
得到工会赞扬的平价商店 / 221
概念是思路,企业家是园丁 / 223

第十三章 培训 或 为什么在dm没有学徒,却有上千个愿意学习的人投身于文化的探险之中 / 227
预先学习是毫无意义的 / 230
"探险文化——我最好的经历" / 233
想法、积极性、创新改革 / 236

第十四章 收入和消费税 或 为什么钱是愚蠢的,没有人能靠他的收入生存,企业家交税却并没有承担税 / 240
税收是社会团体的收入 / 243
税——有人支付税,有人承担税 / 246
扼杀花蕾的收入税 / 248
对为他人劳作者公平的税收是:消费税 / 250
税收的社会要素 / 253

第十五章　基本收入 或 如何让一个漫长的冬日夜晚变得有意思，如何明确朋友们对人的真实看法 / 256
我与其他人——我们对人的不同的看法 / 257
基本收入——从应该到愿意 / 260
生活是针对自我的工作 / 262
谁没有收入也就没有自由 / 263
工资不是工作的结果，而是前提条件 / 266

第十六章　接班人和建立基金会 或 一位媒体股东能得到多少分红，人如何让他毕生的杰作保持生命力 / 269
《烈火一号》的股东 / 272
一次讲话，一个大学教职和一次参加电视实况讨论 / 273
退出dm："维尔纳先生现在不坐在那里了！" / 277
基金会保障企业的未来 / 280

后记 或 为什么我们总是在事后才知道，一件事是如何发展的，它最终的结局是什么？ / 283

鸣　　谢 / 287

最佳的探险旅行是用不同以往的目光观察世界。
——马塞尔·普鲁斯特

前言　确信无疑
或　为什么我在生活中没学到什么

"我的天哪，维尔纳先生，这简直是幻想，这根本行不通！"你根本无法想象，这样的话我在生活中听了多少遍。朋友这样讲，同事这样讲，父母和其他亲戚用各种方式也这样讲。他们都是出于好意，他们已经有过经验，他们想让我避免失败。

大多数人认为，我们是出于经验行事，但并不总是这样。当我们想做某件事时，好朋友们甚至会经常用经验作为反对理由来阻止我们。

"你好好考虑考虑，"出于担忧，他们提出警告，"你可是绝不想再……"接着他们讲起某件事，那是曾有过的、在好朋友面前哭诉过的不幸经历。没错，人们不愿再骑一辆带有不结实后架的自行车；确实，人们曾反复抱怨过,上一处居所离超市路太远;没错,人们不会想再找那种你不能跟他谈你工作上出现问题的人做伴侣。没错,没错,都没错。但无论如何,不管其他人再怎么极力反对,但对你自己来说事情却是正确的。

您会有这么一种认识:在这个时刻,您知道做这件事是对的,是正确的。或许您正在寻找住房,您已经参观了无数套房子,当您来到一个房间里,你突然感到:"就是这套房子,我想住在这里!"或者,您想买一辆新自行车,已经试骑了好几辆,直到您突然骑上一辆自行车,您马上就能确定:"就该是这辆车,这辆自行车适合我!"还有,要是您有点运气的话,您曾有一次与某人萍水相逢,突然您的直觉告诉您:"我想与这个人过一辈子!"

像这样的经历,我称之为确信无疑的经历。"确信无疑"是某种通过直观让人确信的东西。要确定它不需要详细的论证理由,不需要特殊的方法,不需要基本知识,也不需要专家鉴定。如果某种东西是确凿无疑的,就不再需要检验和详细的分析。很有可能发生的情况是,您在找房的时候,写出了详细的清单,列出了您觉得重要的东西:位置,面积大小,价格,装置。您在买新自行车的时候肯定事先对车的运动状态和坚固性也有具体的要求。很有可能您对您梦想的男人或女人在相貌、性格或爱好方面也有明确的想法。但在具体的场合,在您考虑您清单上的第一点之前,您就有了一种确信无疑的体验。

事后您才逐一检查您曾列过的标准,看看确信无疑的东西是否经得起评判的目光。这时常常会出现个别与构想出来的理想条件不相符的现实状况。然后,人们开始修改清单，使个别的标准不再那么重要。"一个结实的自行车后架对我来说其实根本就没那么重要。因为我其实根本就不骑自行车去长途旅行，也就无须运载沉重的行李。"或者，可以将不利的条件变成有利的条件："能够步行从新住宅去附近的超市买东西，当然是件舒服的事儿，但坐公交车也就两站路。而我要是骑自行车去的话，会更有利于健康，那样我同时也可做做运动。"或者我们找出许多好的论据来抵消这样那样的不利因素："不错，我和这位女士没法讨论足球，但她非常漂亮，心肠好，又特别聪明！"

　　我们一切行为的目的是什么？是为了未来！而不是为了经验的延续。只有刻板的人才循规守旧，富有创业家精神的人总是拥有新的起点。他的行动以当今和对未来的预测为基点，并用在过去发展累积的能力做装备。我们要用经验来理解过去，用确信无疑来经营未来。行走在世界之中，我们获取我们的经验，从经验中得出某种认知。我们尝试去储存这些认知，这样才会感到安全，才能继续前行。我们在前行的路上会遇到新的东西，会发现对事物新的兴趣，接着有了一种直觉。这种直觉会告诉一个人：现在你必须从这里继续前行！这并不是经验的体验，这是一种确信无疑的体验。这种确信无疑使我们获得了认知：人不是靠经验来行动，而是靠认知来行动。或许您还根本没有谈过恋爱，但当您与一位异性相遇时，您告诉自己：这人跟我有点关系。从确信无疑发展出一种认知。所有的人都说，这事行不通，但您感觉到事情还是能成功的。这是一种内心的确信，确信在做正确的事情。

冲破经验的牢笼

有一些确信无疑的经历是微小的:如出于某种原因,某人没有乘坐某一列火车,事后得知,这列火车晚点了两个小时。还有些确信无疑的经历是决定命运的:如某人上大学没有学这门专业而是学了另一门专业;某人不是从事这项工作而是从事了另一项职业。

人们常常也会被周围人的各种建议或忠告弄得迷失了方向。有人听从了所有人的建议而买了一栋房子;或开始参加了一种自己本来并不感兴趣,但父母或者老师都认为有前途的职业培训。许多人陷在别人为他造就的经验牢笼里,还有些人自己为自己建起了经验的牢笼。他们先得学着透过经验牢笼的铁窗向外张望,在广阔地平线延伸的远方发现新的行动领域。有时要等到数年之后,他们才能修正自己出于经验的决定,而转向确信无疑的抉择。

我想起一位在火车上坐在我旁边的男人,他退休了。他告诉我,他工作了40年,从事了一种他并不喜欢的职业。他本来一直想学医,但战乱的年代使他只有初中文凭。他很早就得养活自己,没有经济能力去上学补上学历。因此,他在现在退休之后才开始研究顺势疗法。接着,他满脸洋溢着笑容看着我说:我现在在补做我40年来不得不放弃的事情!

有人用了差不多一生的时间终于过上了他想要过的生活,令人悲哀。但幸运的是,他最后还是找到了勇气和力量来改变生活。最重要的是:他至少有过确信无疑的经历,医学是他的职业!这曾经一直是他确信的事。而其他人有时完全埋没了对确信无疑的敏感性，或他们还从来没有过这种经历。虽然每个人或多或少都自觉地拥有这种能力，但确信无疑的经历体验在每个人身上却不尽相同。人们能让自己变得敏感，开放接纳对确信无疑的体验，可是，如何做到这一点呢？

有一个小故事可以说明这一点：赫尔穆特·尼斯内尔曾是我多年前的领导，后来他也成了我大女儿的教父。他做的一件事给我留下了深刻的印象。当时他正在成长的女儿交了一个男朋友——在关心女儿的父亲眼里，那年轻人其实是个糟糕的人。但作为父亲，他没有阻拦女儿，也没有对女儿年轻恋人的发型、服装甚至整个生活方式感到生气。他采取了在那个时代不同凡响的做法来对待这件事：他表示为女儿高兴，祝贺她在生活中有了新的经验，并邀请这对新恋人与全家人一起去度假。在度假中女儿自己看出这个年轻小伙子是个什么样的人，并结束了这段关系。父亲确信无疑地看出了这个年轻人的性格弱点，他也完全信任女儿，确信她会得出这个确切的结论。但他同样也给予了自己一个机会，希望在度假中有可能发现小伙子的长处——在他这一方，他可以检验自己确切无疑的结论，这个结论也正如她女儿体验的那样。身临其境，他体验了事件的整个过程。

这正是问题的关键：我们必须让自己关注周边的人和世界，拥有对人和对世界的兴趣，要有内心的热情和精神之光。首先我们要发展对他人和对世界的兴致，我们得关注所遇到的事情，这种关注的热情会带来精神的光明，能用以在思考中照亮世界和人类——这是精神之光，是思想之光。

主动积极的行动总是出自于热情，反省则来自于头脑。主动积极的行动发自内心，而大脑在行动之后提出问题：等一下，要达到的目标是什么？要检查一下，选择的道路是否也正确？

我们不能说：我现在想做点很酷的事情，于是我就躺进冷冻箱里，在里面待上一天，这样我就变成"很酷"的人了。一个"酷人"是不会主动积极地行动的，他先得需要别人激励他，当别人点燃了他的火花或燃起了他的激情，他才会步入行动。

要使自己对确信无疑的感觉敏锐起来，我们应该走出去，步入世界，以好奇的目光和开放的心胸来看待世界，放心地去和他人相遇，去跟各种事务打交道，看看自己会对什么产生热情。每个人来到世界之时，都不具备思想意识。教育不仅仅是传播知识，而且还必须燃起激情。好父母、好朋友和好的教育工作者具备预测这种火种存在的能力，并以适当的方式点燃它——使这蕴藏的东西显现出来。但一个人也必须自己去努力。人只有去寻找才有可能找到贯穿生命的红线。人是一种不停地在寻找的生物，生活就是一个永远在寻找的过程。谁要是退缩回去，不仅将成为一个孤独的人，而且有朝一日只能是冷漠地活着。不知从什么时候开始，他会无助地坐在电视机前，根本不再明白，他究竟想干什么，对什么还有兴趣，为何目的活着。这样一个人必须被重新引入世界，点燃维持他生命的火花。有一天，他将会发现哪一条道路是适合他的道路。如此看来，发展对世界和对人的兴致是开启确信无疑感官的钥匙。人必须参与到与世界和与人的交往之中。

在难以和谐的声调中保持心灵的开放性

一位好医生给病人看病时常常是在体验确信无疑的过程。他首先做有关病情的详细的记录,也许他会询问病人的兄弟姐妹及父母等的情况,这样他就了解了病人。他不能给病人摆酷,而是要温暖对待病人。接下来,他会让病人去做化验,然后对血象及类似的检查结果进行分析。再接下来,医生以邂逅的热情来观察客观的化验数据,他会问,自己依据既往病史和诊断能得出什么结果。医生这时在寻找着确信无疑的体验。

要做到这一点,人必须让他人和世界走进自己的胸怀,看看是事情打动了我,还是我要将它拒之于身外?它对我会起什么作用?这要求心灵上的开放。这并不是学院式或科学研究的方式,不是去学习单词和语法,或掌握技术和方法,而是训练和发展这种心灵的开放性。当我们踏入世界之后,生活向我们抛来无数个彩球。这时,问题的关键是要抓住那些正确的彩球。这是命运呈现给人的机遇,要把握它需要沉着果断,需要确定无疑的感觉,在关键的时刻能够说:"对,我现在去抓住这个机会!"

只有一种正确决定的情况是很少的。我做出了什么样的决定,就会出现相应的新的可能性。而就每一个新出现的可能性,我都要在确切无疑的基础上作出新的决定。尽管没有外在的凭证,但在我们内心里有一种确定性。我们眼前会出现自己的北斗星,就这样,我们总是非常清楚地知道，路该怎样走下去。

我们应该像克里斯托弗·哥伦布或航海家海因里希那样，向未知领域航行。那时人们对地球的认知还是一个平面，帆船只是沿着海岸线行驶。尽管如此，有那么一个人，他脑子里虽然还有着地球是一个平面的意识，但他扬帆出海，一直前行。他此时见不到陆地了，一片汪洋，但他凭着信念一直继续航行。正如哲学家约翰·戈特利布·费希特所表达的那样，通过"超越已走过的路途"，我们获得了能够使我们在未来把生活打造得更有创造性、更具有活力、更明智的认知能力。正是在这种方式下，在我的生活中发生了许多我绝没有料想到的美好的事情——这也正是因为我根本没有先去预想过它。

倘若说我在这本书中描写了"经验中得出的认知"，那么这些学习的材料和时间不存在于任何学习计划表里，没有教室，没有受过培训的教育家。我学会的是生活中随时向我呈现出来的东西。这些课程，有些是我专研的，而有些对我来说却难以消化，我需要更长的时间去理解它。直到今天，我还说不清楚，这些课程哪些如正餐，哪些如饭后甜点，或者说，我也不清楚，究竟我是否已经吃完了头盘，尽管我回望几十年来自己走过的路，它们看上去都没有任何弯路，都走得很有策略，目标也很明确。

此外，在这样超越以往的路上，伴随的音乐听上去很少是和谐的。您已经得知伴随着我的合唱，它的歌词是这样的："我的天哪，维尔纳先生，这简直是幻想，这根本就行不通！"

> 不要让专家打动你，他会对你讲："亲爱的朋友，二十多年我都是这么做的！"。——一个人可以二十年做错同一件事。
>
> ——库尔特·图霍尔斯基

第一章 开端
或 我如何事与愿违地成立了一个公司

20世纪50年代初，两位卖鞋的推销员被派遣到非洲做市场调查，他们应该在三天后发回电报来告知他们对市场的第一印象。其中一位发回的电报内容是："市场机遇为零，因为所有的人都是打着赤脚走路。"而另一位在电报中却说："在这里卖鞋有巨大的市场，因为还没有人穿鞋。"

这个故事在经济界很有名。1981年我在苏黎世哥特利布·杜特维勒学院一位法国人作的报告中听到了这个故事。它就像一个半空的杯子或一个半满的杯子这种古老的题目一样，折射出企业家的思维——非企业策划人看到的是问题，而企业策划人看到的则是发展的机遇。

尽管我不懂法语，一切内容只能听同声传译，但当时这个报告给我留下了深刻的印象。当时在法国，弗朗索瓦·密特朗，作为第一个社会主义者，刚刚当政。报告人讲，许多企业把这次政府换届看作是危机。他接着说："而我们企业对政府换届已经习以为常：危机产生问题，而从问题中产生出发展的机遇。"那一刻，我豁然开朗：存在的不是问题，存在的只是挑战。当时我还了解到，中国人表述"危机"和"机会"用的是同一个"机"字。

当我们把危机和机遇的相辅相成当成生活常态时，就绝不会感受到威胁。我们也不会纠结于自己的错误，尽管我们不断地犯错误，但错误并不会使人偏离轨道。我们必须以其他方式继续做下去，仅此而已。当然，我们必须注意不可过于胆大妄为。只有当我们可以肯定，我们对作出的决定有一定逆转的可能性时，才可以去冒大的风险。可惜许多人不能很好地去识别，什么是可以逆转的，什么是不可以逆转的。其实很简单：当事情失败时，我能够相信自己的能力，找到解决的办法，这就是一个可以逆转的决定。要做到这一点，需要确信无疑和经验的结合。

1973年夏天的事情就是如此。

那年，德国日化卫生保健品经营者协会成立了整整100周年。1873年4月11日，德国日化卫生保健品经营者代表在柏林聚集一堂，联合起来，主要是为了与众多的药剂师划清界线。因为在19世纪，贩卖烟草、酒品、调料，甚至糕点制品的店铺都被称为"药店"，草药通常只允许在药店出售。德国日化卫生保健品经营者协会在德国国会作了政治上的游说，使法律得到了改变。不久，日化卫生保健品商店出售的商品种类变得丰富多彩，从牙粉、护肤膏、擦鞋油到草药、发酵粉，甚至还有那个时代汽车所用的燃料。又过不久，第一代健康食品商店出现了。人们开始抵御工业化对社会及健康方面带来的影响。无论是当时自然疗法的代表科耐波神父还是素食主义的先驱爱德华·巴尔策，人们力求有尊严地与人和动物打交道。这些"生活方式的改革家"开发出了新的食品营养方式：全粮面包、植物性的肉食替代品、果汁及草药。当时摄影刚刚兴起，就连冲洗照片所需要的一切材料也可以在日化卫生保健品商店买到。

早在三年前，即1870年，我的曾祖父就在海德堡开了一家日化卫生保健品商店，20世纪20年代我年轻的父亲接手了这家商店。商店坐落于海德堡主街与麦尔兹胡同交界的拐角。我父亲操持店面，度过了荒乱的通货膨胀年代、纳粹统治时期以及第二次世界大战。二战期间，他因患严重的关节炎而幸免于参战。战后，我父亲于1950年开了第一家分店，在随后的经济发展奇迹年代里，他又开了数家分店。

童年时代的我总是在商店里四处窜来跳去，6岁时，我就希望自己能有一件白大褂。当时商店里大部分商品是散货，没有包装，那些肥皂、药膏和草药散发出的浓郁的气味至今还留存在我的嗅觉记忆中。

一个酝酿中的想法

1973年，时代开始改变。我当时年近30，我有了一个想法。但我缺乏资金和帮助。几年来，有一个想法萦绕在我心里，这个想法一出现就立刻深深地启迪了我，这是一种确信无疑的体会，尽管当时我似乎还不能确信无疑地把握这个概念。这种内心的踏实感使我毫不动摇地去追随我的计划，尽管我周围所有的人都在劝阻我。我父亲已经很久不跟我讲话了；我的岳父岳母向我发飙；没有一家银行愿意给我贷款；每个人听了之后只是说："我的天哪！"

当时的情景真是让我感到很受挫，但我知道他们是错的。大多数人观察世界时不是基于可感受到的事实，而是基于他们的偏见。而在事后他们会认为自己当初也会有同样的见解，也会这样去干。

当时，绝不仅是我一个人看到了行业处于重大结构改革的处境之中。我开的第一家商店在卡尔斯鲁厄市，在离卡尔斯鲁厄市500公里之遥的北方，有一个年轻的日化卫生保健品商店经营人也有着同样的想法。1973年8月，当我想着手开店时，我了解到，早在1972年3月，德克·罗斯曼就已经在汉诺威开了一家日化卫生保健品超市。我在卡尔斯鲁厄市开店一年半以后的1975年，安东·施莱克尔在下泰克的基希海姆也开了他的第一家日化卫生保健品超市。40年过去了，罗斯曼和dm以不同方式生存至今，而施莱克尔却于2012年退出了市场，当然，这是另外一个故事了。

这个酝酿中的想法并不像当时所有人认为的那样不合常理。当然，现在回头看可以这样轻松地断言。当时整个零售业处于变革中，像超市这样的在今天人们早已司空见惯的形式，直到20世纪50年代在德国还根本不存在。

人们在小商店里购买食品,隔着柜台由售货员将货物逐一递给顾客。在经济发展奇迹年代,商品供应日益丰富,这才开始了超市的时代:凯撒、黑尔、伯勒、滕格曼等,这些超市使传统的零售商陷入了困境。在新的竞争对手的压力下,卡尔和特奥·阿尔布莱希特兄弟俩试图通过扩大店面和丰富商品种类来与之抗衡,但败下阵来。他们尝试了一种新方法,发展出廉价超市这种新理念:商品种类不必多,自助式购物,商品取自打开了的包装箱里,包装箱直接堆在运货板上或放在简陋的木架上,不赊账,不打折扣,相应给出最便宜的价格。

他们舍弃了迄今为止零售商认为不言而喻的所有细节,而把注意力集中在质量和价格上。因此他们的阿尔迪超市赢得了价格上的巨大优势,而这种价格优势能够直接转给顾客,消费者看重的是便宜的价格。到20世纪70年代,阿尔迪超市就在零售商中飞跃而上,成为了鲤鱼池塘中的梭子鱼。举一反三,廉价超市的策略不仅适用于食品店,也适用于其他商业领域,至少我是这样认为的。

我当时28岁,在一家大型日化卫生保健品连锁商店工作,本来没有独立开店的打算。我只是给我当时的领导提出了我认为确信无疑的建议:"我们在日化卫生保健品商店也实行廉价政策。"可惜当时领导觉得不可信,而用责备的语气反问我:"你打算怎样去做呢?"

回答这个问题对我而言并不难,答案信手拈来:"我们不卖一万五千种商品,而是只出售两千种商品,但我们的营业额将不是一万马克,而是十二万马克。"

但这些经营日化卫生保健品的行业老手只是发笑:

"年轻人,你的数学不行,这种数字计算你搞不定。"

照他们的经验看,我提的建议自相矛盾。这些人都是行内专家,我知道他们在说什么,他们只是太客气,没直接说我脑子进水。实际上他们的指责正是认为我是个胡思乱想的小子,才28岁,满脑子荒唐的想法!

我非常生气,因为我当然不能用经验事实来证明我的建议,我只有得到机会,才能在实践中证实它们。就连我列举出阿尔迪成功的例子也无济于事。我听到的回答是"阿尔迪的成功只是一种暂时的现象",还有"在食品行业可以这么做,但这种做法在日化卫生保健品市场绝不会成功"。

解除约定价格——破产的开始?

对问题的商讨已经够艰难了,而我个人的生活处境也不轻松。几年前,我结了婚,当了年轻的父亲,对家庭承担着重大的责任。我的夫人芭芭拉是我1967年在一次到海德堡时认识的,她随同我来到了卡尔斯鲁厄市。1971年5月,我们的女儿柯内莉亚出生了,1972年11月,我们又得到了儿子克里斯多夫。坐在代理经理的职位上,我能够让全家人过上不错的生活。难道我要随便放弃这一切吗?我们生活节俭,但我没有积攒下任何有价值的资产。而当时西德的经济形势相当紧张,如果我自己办公司,就要付至少14%的贷款利息,或许更高。我岳父是印刷油墨行业的销售经理,收入相对不错。他差不多每天给我算这笔账,试图让我看清我的想法有多么危险,我会把全家带入不堪的生活境地。

我向他论证了我的想法：要是我还保持原职，我才会使家人陷入困境。因为我认为，传统的日化卫生保健品商店经营策略已经老化，跟不上时代了。我十分清楚，这种传统的经营模式将会失去前途。但在我周围，没有人认同我的这种预测，无论我去跟谁讲，都处处碰壁。只有我夫人芭芭拉站在我这一边，尽管她不能给我提出具体建议，对这个行业了解也不深，但她信任我，相信我会作出理智的决定。我应该怎么办呢？

最终起了决定性作用的是政策范围内条件的改变。当时在德国已经讨论了好几年是否应取消所谓的"自上而下定价"的方式，这样可以在多方面以竞争来促进市场经济的发展。这种方式与历史悠久的约定价格方式背道而驰。几十年来，生产企业稳稳掌握着这一特权，他们给销售商定出销售价格，而今天，只有在书店和药店才能看到这种定价方式。生产商确定出一个产品的价格，每家零售商必须准确地按照这个价格出售商品。

零售商之间也搞竞争，但这种竞争不是以不同的价格给消费者让利，而是仅仅局限在推销产品的方式、供货的速度、咨询或附加的服务项目上。销售商要想在经济上存活下去，就要在各种不同的租金和支付工人的工资上权衡差别，他就必须尝试着与生产商协商，尽力得到特殊的进货条件。例如订购500管牙膏得到的进货价就比订购10管牙膏要便宜。或者还能得到延期付款的待遇：零售商不必马上支付生产商的账单，而是可以延迟半年付款。还有一些让价的方式，如不同的商品混合打包出售，价格优惠。

最常见的方式是赠送产品:订购某种产品达到了一定数量时,生产商额外会赠送一些产品。

简言之,生产商的权力很大,而销售商的行事空间却有限。针对生产商的这种权利,产生了《反对限制竞争法》。此法案在1965年开始生效,之后不断修正。最后一次,也就是第7次修订,是在2005年,当时的修订是为了与欧盟的竞争法达到同步。20世纪70年代初,在第二次修改中,《反对限制竞争法》提出了原则上禁止约定价格这一条例。那时名牌产品约定价格是常理,当然,当时也出现过相应的讨论,许多人认为《反对限制竞争法》行不通,由此依然让老规矩在吵吵嚷嚷中继续当道。而我则相信,新的法案会产生,并且生效。那样一来,人们将不再在传统的柜台式的日化卫生保健品商店里购买由售货员隔着柜台递过来的高价商品,而是会在现代化的自助式的商店里亲手挑选价格最优惠的商品。

因此,我与几家自己熟悉的银行谈了贷款事宜。当时固定存款的利息为15%,而贷款的付息为17%,我已经对此做好了一切准备。但储蓄银行和人民银行当场就拒绝了我:"不行,不行,我们不能给您贷款!"

只有德意志银行没有马上让我吃闭门羹,给我做咨询的海尔先生狡猾地跟我打起了时间战。我上千次地问他:"到底什么时候我能拿到贷款?"一周一周过去了,我听到的总是安慰的话:"知道了,我们还得……您是知道的,这里是卡尔斯鲁厄,还得上报法兰克福的德意志银行总行……"

爆满的收银台和世界上动作最快的收银员

时间不等人，我不能再漫长地等待下去。1973年夏天我意识到："机不可失，时不再来。"在卡尔斯鲁厄市，位于海伦大街26—28号的罗特公司的总店搬走了，店面空了出来。我很快作出了决定，签署了租赁店面合同。从一开始，我就确定不止会开这一家商店，因此我要寻找一个合伙人，这个人要能够独当一面，能够长期经营这家商店，以便能让我腾出手来去开新店。我找到了阿明·弗尔，他是罗特公司的前职员，理解我的经营策略，是一个有勇气当我合伙人的人，他愿与我一起来做这一种新的尝试。他领导经营这家商店直至退休，取得了很大的成果。

1973年初，日化卫生保健品经营者协会以及行业媒体还坚持认为约定价格的法案会保留，将会解除的只是约定的推销方式。事实证明他们错了。正如我所预料的那样，价格开放了。7月，新的法案获得了通过，并且确定了新法案将于1974年1月1日生效。在8月28日，我们举行了开业庆典。

我们的第一家商店取名简朴，叫"dm-日化卫生保健品超市"。当时一般商店面积都在60平方米左右，而我们的店占地面积为190平方米。我们采取完全自主的购物形式，一切商品摆在顾客面前，由他从货架上自取并放入他的购物篮或购物车里，然后自行去付款。商店的供货品种不再像以前那样有10000种，而是只有2000种商品可供选择。这一比例与食品行业的阿尔迪超市进货比例相似：阿尔布莱希特兄弟建立的阿尔迪超市将通常供应的3000种商品缩减到大约250种。这就迫使我们要让每种商品都带来更多的销售额。我们相信,一旦顾客认识到了价格差别,他们将不会再去其他商店,他们会更愿意在我们店里购物。我们一天中将不再只卖出两管牙膏,而是卖出20管。

刚开始时,我们还收到了一些大公司的禁令,如德拉乐公司(生产白桦树生发水)、施菲儿博士公司(生产绿色有机产品)、布尔卵磷脂公司,还有修女院药品公司,他们指责我们不守约定的价格。我对这些信件采取不理睬的态度,相信法庭不再会处理他们的投诉。理由是新法案迟早要出台。但生产企业对政策的理解还停留在初级阶段,他们直到最后一天还坚守着传统的方式,对偏离了约定价格的行为提出警告。万幸的是,他们的警告对我起不了任何作用。

与此同时,商店的生意从第一天起就繁荣昌盛。缩减了商品种类,完全自主购物,价格低廉,我的这些营销策略百分之百地成功了。至今我还记得,当时生产商定价为9.9马克一听的爱尔耐特发胶我们卖6.98马克,这可不是仅仅几分钱的差别,而是真正的廉价!便宜的价格马上在城里传开了,人人都来dm购物:"你可得去瞧瞧!""去晚了可就卖完了!"

开张的第一天收银台就爆满,这个"爆"字可是当时情景的真实写照:那时的收银机不再是手柄按压式的,而已经是电子式的了,而且还是机械驱动。在当时这种收银机的价格很昂贵,一台机子要价3500马克,而我们需要两台收银机。幸运的是,我过去就认识生产商店收银机的

NCR公司在当地的推销员，在开店准备阶段我就求他帮个忙："克拉莫尔先生，我不可能马上买新收银机，您得先借我用用，等我有钱了再将收银机买下来。"

他满足了我的要求，给我提供了两台旧机器。当收银台爆满时，其中一台收银机也爆了，冒起了青烟，显然是机器里堆积的灰尘被点燃了。这情景引起了人群骚动。当时店里挤满了人，两个收银台前排着长队，真是祸不单行：不仅让顾客受惊，还少了一台收银机。时间不等人，我抓起冒烟的机子跳进我那辆雷诺4缸的老车，一路狂奔，开到收银机生产厂的库房前，"克拉莫尔先生，给我一台新机子，快点儿！"抱起新收银机，我又跳上车赶回商店接着干。事后，克拉莫尔先生笑称我是世界上动作最快的收银员。

仅仅几天时间里，我就挣了不少钱，我去找那位德意志银行拖延时间的咨询员海尔先生，这次我是要存钱。当我请求他帮我存入5万马克时，他可吃惊不小。两天后，银行的信意外地来了：您的贷款申请被批准了。这纯属偶然吧，完全是偶然！

> 每一个人都有天然质朴的一面和心中难以释怀的东西，挖掘、澄清它们是每个人一生最隐秘的使命。
>
> ——克里斯蒂安·莫根施特恩

第二章　日化卫生保健品商店的芳香
或 企业家道貌岸然的怒气生于何处

　　我的青少年时代充盈着日化卫生保健品商店特有的气味，那是酪皂、草药、糖果、刮胡水和鼠尾草茶混合在一起的气味。除此之外，我的青少年时代还充盈着第二种气味，那就是水的气味。

　　我在海德堡长大，我们家有5个孩子，我是老幺。我的两个姐姐分别比我大8岁和13岁，而我的大哥年长我12岁，他们在我能够记事的时候就已经离开了家。我对他们的记忆仅仅是他们试着管教我。年长我4岁的二哥很早就被送进了寄宿学校，因为我父母的婚姻以及我们家庭的破裂，我母亲对我二哥很无奈。我父亲从家里搬出去后跟他的女会计组成了新的家庭，那年，我大约11岁。多年来，我是家里唯一还与父亲保持着联系的人。

我们住在位于涅卡河畔的一栋法式新巴洛克式风格的别墅里。别墅表面堂皇，但年代久远，缺乏维修。别墅的主人是艺术家、画家奥斯卡·舍普。他自己住在房子的顶层，我们作为租客住在他的下面。从别墅里可以眺望河对岸的海德堡老城，景色当然是非常壮观。每日清晨，河对岸山坡上著名的皇宫废墟映入我的眼帘，我就这样迎接着新的一天的到来。但我最喜欢的还是这条涅卡河，每天早上，我沿着河边纤夫拉船的小道去上学。

在不同的季节不同的天气里，涅卡河散发出不同的气味。小时候，我想成为涅卡河上的船长。直到上学以后，我嗅到了日化卫生保健品商店广阔天地里的芳香气味，我改变了主意。尽管如此，我并没有远离涅卡河上的行船。透过我房间的窗口眺望河面，我的目光常常落在了挥桨划船的人身上。我学校的朋友乌利也住在河边，离我家隔几栋房子。20世纪50年代初，在荒芜的战后时期，四处散落着废料，我们用收集到的旧木材和布料造了一艘双体帆船，并给它举行了典礼，取名叫苏茜&斯多尔希，那真是一种很崇高的感觉。只可惜风力常常不足，大多数时候我们划着小小的桨板乘船顺流而下，之后又得费力地将船逆流拖回来。

那年我们大约14岁，不知是什么时候，有一天我俩坐在河边，感觉有点无聊，"现在我们干点什么？"——"我们现在去划船。走，去划船俱乐部！"离我们几米之遥就是成立于1872年的海德堡划船俱乐部。我们还真的在那里很快找到了划船的乐趣。乌利直到今天还是俱乐部的积极分子,尽管我后来常常没有时间去划船,但我一直与海德堡划船俱乐部保持着联系。直到我50岁以后,才在博登湖重新开始了这项运动。

当年在海德堡划船俱乐部的一次经历在我脑海里留下了深刻的印迹。八人船只很长,有22米,不容易掌控。放在拖车上的船很笨重,得由六至七个人前后费力移动,才能让它驶出狭窄的停船坞。这是个复杂的工作,难就难在掌握船的高度,要是移动中前轴压得不够低,船的顶部就容易接近天窗,造成危险。

有一天,一位划船老手走过来,要求我们几个小年轻将八人船拉出船坞,因为他的小船停在后面,被这条船挡住了去路。我们当然愿意帮这个忙了,他指挥我们行动。当时,我在前面,弯着腰引路,并不断提醒大家:"慢点,慢点!"相反,那个划船老手却鼓着劲命令大家:"向前,向前!"如此反反复复,我说:"慢点,慢点!"他说:"向前,向前!"只听一声巨响,天窗被撞碎了。而这时这位老家伙却说:"我就预料到会发生这种事!"我摇摇头回答他说:"你没有预料到会发生此事,如果你早知道的话,为什么不想办法阻止它呢?"

没有互联网,没有城际快铁,但有对世界的极大兴趣

我从这个难忘的经历中学到,许多人都是事后显聪明,事情发生的当时他们并不知道该怎样正确行事,或者说,他们知道该怎么做,但却没有勇气去那么做。正因为如此,我后来在生活中很少事后去追问:"(当初)该怎

么做更好？"而是集中精力去考虑这样的问题："（今后）能怎样做得更好？"

当年的我对上学不太感兴趣，我不是个好学生，只有历史和地理课能让我提起精神来。我常常可以用几个小时来研究地图，看城市地图，或者转动着地球仪观看。此外，我还研究历史，极有兴致地读过古斯塔夫·施瓦布的《古代文化鼎盛时期传说》。学校的其他科目使我感到无聊，但世界和人——那时我就萌发出了对这二者的兴趣。

那个时代，学校里还有惩罚制度，如课后关禁闭，抽打手掌，也就是用棍子抽打手掌，非常疼。我没少受过老师的这些惩罚，但情况从来都还没有糟糕到必须被学校开除的地步。

我的母亲虽然在大学里学的是心理学，但她的教育方法还是沿袭了她自己在西里西亚童年时代所受的传统教育方式，其主旨是："严管至上。"比较起来我父亲对我更有耐心。看到我的学习成绩差，有一天，他明智地对我说："你的课堂在学校之外，上学不是你的长处，你也不需要取得高中毕业证书。但你得学点什么，毕业后能去上商业学校。"我后来也正是走的这条路。毕竟他年长我42岁，看问题有着丰富的经验，而且将来有一天，我愿意接管而且也应该接管他的日化卫生保健品商店。

就这样，在我16岁那年，我去了康斯坦茨，在坎茨莱大街的寇尔贝克日化卫生保健品商店当学徒。我在那里呆了4年。我住在城里的一间小房子里，虽然有时也回海德堡，但我享受独自在远方生活的乐趣。要知道那时的距离感和现在不一样，康斯坦茨和海德堡之间像是世界之旅。

那时既没有互联网也没有城际快铁，就是打电话也不像现在，那时要打一个电话，你得先"预约"。我和我的朋友乌利保持着联系，我们用信件交往，我回海德堡时我们就见见面。

在康斯坦茨我有了第一个固定的女朋友，她叫维尔玛，年长我5岁，和她在一起令所有的人都嫉妒我。最终我们还是分手了，但我们之间的友谊陪伴了我们一生，直到她去世。

除此之外，位于博登湖畔的这个城市给予了我我的最爱：水以及一个著名的划船俱乐部。当时，这个名为"海星王"的划船俱乐部已有75年的历史，曾获得国内外多项殊荣。这个俱乐部培养出多名德国冠军以及欧洲和世界冠军，还有不少参加奥运会的选手，他们还曾在奥运上获得金牌。

我参加俱乐部的时候，两位教练分别是路德维希·马尔夸特和卡尔·海因兹·班特乐，他俩都是划船史上传奇式的人物。班特乐是男队教练，男队员中曾有过有名的双人滑选手迪特·本德尔和冈特·楚木凯乐，他俩曾在1962年获得了世界冠军。鲁迪·马尔夸特训练我们青少年队。1963年4月俱乐部里突然冒出了一个奥地利来的小子，他叫君特·鲍尔，我们称他"佩皮"。他比我大两个星期，比我高12厘米，这可不常见，我当时再怎么说已是1.86米的大高个了。

战无不胜：技术上最完美的德国双人艇划手

佩皮在多瑙河畔的克雷姆斯结束了他作为零售商学

徒的生活，此时，赫尔蒂公司人事部派他到康斯坦茨来，这里刚刚新开了一家赫尔蒂百货公司。他在瓦豪的岩石划船俱乐部学过划船，已经两次获得奥地利青少年双人划冠军。鲁迪·马尔夸特让这位高个儿小子到我的船上，他在下湖区训练了我们一个半小时，让我们不断地加速划，然后他作出了决定："从明天起你们俩组成双人划！"接下来，我们每天都在练，当然是利用下班后的时间了，我俩都得工作，直到商店打烊才能下班。仅仅一个月之后，我们就参加了第一次划船比赛。我们一次次地获奖，赢得了所有比赛的奖牌。

我俩成为了战无不胜的双人划手，不仅获得了德国青少年冠军赛的冠军，还获得了五国（德国、意大利、法国、瑞士、比利时）青少年比赛的冠军。专业杂志《划船运动》赞扬我俩是"技术上最完美的德国双人划手"。

这种胜利的欢呼声实际上在昭示着陈旧的划船技术的终曲：当时的划船运动也在经历着变革。在初始阶段，划船运动曾是精英运动，优美重于速度，人们在划船时不是要把自己搞得气喘吁吁，而是讲究优雅的划船动作。1936年奥运会上，意大利传奇式的运动队莫托-谷兹八人划团队曾在比赛中嘴角叼着小雪茄将他们的船运到水中。

20世纪50年代后期，一切都有了改变。拉策堡湖的划船教授卡尔·亚当在他自己的理论研究和实验基础上，发展出了新的训练方法：训练的要点突然变成高速点浆和间隔时间的训练。世界各地的教练们纷纷前来取经，向他学习拉策堡划船技术，其要点是"技术推进速度，体力带来持久"。班特乐教练已经采用了新的训练方法，而我们的鲁迪教练还是采用传统的划船技术。他非常注重美感,有时让我们以极慢的速度划,以便对我们的划船技术进行精雕细琢。他不是把我们逼到精疲力竭的程度,而是过分讲究我们在划船过程中的完美的体态,当然还有节奏感——节奏必须合拍。

他反复讲"力量出自于节奏",我们不应该不动脑子瞎用力气,而要一直保持稳步前进,"稳步前进,稳步前进,不要放松!""节奏,节奏,在节奏中产生力量!"

鲁迪如父亲般地对待我,对我有着深刻的影响。尤其是他的一句训言成了我生活的座右铭。20世纪60年代初,所有的杂志封面上都刊登女演员布里吉特·巴尔多特的照片。提起她,我们这些年轻小伙子最感兴趣的是她那出众的丰满身材。教练鲁迪提出了"B.B."缩语表达方式。他常常慈父般地告诫我们,讲到"B.B."时不要想着布里吉特·巴尔多特,而是要想到:坚持不懈努力,谦虚以待成功。[1]

今天回过头去想,他这句话很有道理:为什么许多事情会遭到失败?正是因为人不能持之以恒地去努力,反而过高地期待胜利的成果!正因如此,才会有失败的婚姻、破裂的友谊,才会有破碎的企业梦想。人们给自己定出远大的目标,开始时竭尽全力努力奋斗,但很快又受到别的东西的影响,偏离了目标。成就来自于B.B.——坚持不懈努力,谦虚以待成功。

在我生活的困境中,我常常想起鲁迪教练的话:要像

---

[1] B.B是女演员布里吉特·巴尔多特的姓和名的第一个字母。而德语"坚持"和"谦虚"一词的第一个字母也都是B。——译者注

一位划船运动员那样：坚持，忍耐，绝不能松懈，继续向前！

在最后冲刺的那段距离，我们最需要的是力量和钢铁般的意志。划船需要人全身心投入，而最重要的是需要人保持清醒的头脑。只有注意力高度集中，才能保持节奏，才能第一个冲向目标。有力地甩浆和轻巧地回浆相互配合至关重要——而这一切是在与自己的伙伴密切合作、动作协调一致中进行的。

B.B.和K.K.之间

我当上了企业家之后，回忆起划船教练鲁迪，他常常给予我珍贵的启示。除了"B.B."，我后来又给自己设立了第二组缩写字母"K.K."——持续性和创造性[1]。这是一条非常重要的企业原则，它的作用像是划船过程中有节奏的呼吸：吸气，吐气。

吸气和吐气，这听起来有点矛盾。但要是只吸气，人就会死亡；要是只吐气，人也会死亡。而生命的必要前提在于，人要找到呼吸的正确节奏。同理，企业的运行也是如此。一个企业要保持创造性和持续性之间的确切节奏，如果过于追求创造性，也即创新和增长，这就会使器官组织具有疯狂增长的危险性，就像得了癌症一样，最终会使生命终结。如果只讲究持续性，早晚会得硬化症、心肌梗死，结果还是死亡。一个健康的企业应该是在创新性和持

---

[1] K.K.是德语持续性（Kontinuität）和创造性（Kreativität）的缩写。——译者注

续性的节奏中运行着，企业在创造力和持续性的交互作用中获得生长的力量。

我划船的辉煌成果很快就终结了。1964年我们得进入到成年组。很快事实就证明了我们俩的体力不支。鲁德维希·马尔夸特的训练方法不能再保证我们能够取胜。佩皮非常激愤，而我却无所谓。我想，取胜不重要，重要的是在划船中得到乐趣。不管怎样，我们曾有过一段从各方面来看都很不错的生活经历。我们骑自行车环绕博登湖，冬天在山上滑雪，春天和秋天去爬山，那可真是一段美好的时光。

1964年我离开了康斯坦茨，我俩的双人组合只得解散了。佩皮继续在班特乐教练指导下训练。不久，他为了参加奥地利甲级国家队的训练，返回了奥地利。他为此甚至放弃了在略拉赫的赫尔蒂百货公司一份收入不错的工作。他为了参加1968年在墨西哥举办的奥运会而艰苦训练，但他未能入选参赛。他决定重返职场，在霍费尔连锁超市，也即奥地利的阿尔迪超市，谋到了一个职位。从此他再也没有碰过船桨。

我也很长时间没再划船，我现在生活的重点是工作。接下来的4年中，我除了服了18个月的兵役，除了在军队做救护员以外，剩下的时间我努力工作，目标明确，尽量积累自己的工作经验。我还是抱着要接手我父亲日化卫生保健品商店的目的。我父亲将于1967年庆祝他65岁生日，他宣告过，那时他将离开职场。

正因如此，在结束了在康斯坦茨的学徒生活后，我分别在三个不同的日化卫生保健品商店以实习的方式工作了数月。先是在乌珀塔尔的一家大商店，这家大型日化卫生保健品商店带有香水和照相器材部门；接下来在萨尔布吕肯一家照相器材商店工作了一段时间；最后我在汉诺威的施梅尔茨连锁店工作，我在这家店里的工作得到的收获最大。这家公司有40余家改良食品店，管理非常专业化。那时还是价格约定的无忧时代，企业还没有引进现代管理方法，但其中一位商店经理勃兰登布格尔先生曾当过阿尔迪超市的经理，他在经营中采用了数字代号系统，按平方米计算营业额，按面积论效益，这些方法我都是在那里见识到的。

横空一道闪电：哈尔茨堡模式

当几年的奔波学习结束时，我还去哈尔茨堡温泉镇参加了为期三个月的管理培训班。当时人们都涌向哈尔茨堡温泉镇，像是去"朝圣"。

1962年，有一位名叫莱因哈特·赫恩的教授在那里成立了"经济管理领导学院"。他提出的原则也即哈尔茨堡模式，在当时和后来的20年里深深影响着德国的企业思想。他的中心思想是金字塔形的企业组织结构，对每一个职位都有着精确的描述。与此相应，每一个职工都有他职称范围内准确的工作任务和应负的责任。工作守则和成果考察——这是哈尔茨堡方法的两个关键词。一方面对一个员工该干什么和不该干什么有着清楚的界定，另一方面按相应的工作权限给予他应负的责任。"授予责任权"或许可称为哈尔茨堡管理领导学院的最重要的口号。

这在今天听起来很平常，但在当时却起着变革性的作用。当时流行的领导格言是："思考的事让马儿去做，因为他的头比你的大！"我父亲那时还对他的部下这么说过。家长制下的领导拥有一切决定权。若是职工自主行事，马上会受到责问："你为什么没有问我？"没有人自主工作，员工必须先问领导，或猜测领导会怎么想。行事准则永远是领导至上。

哈尔茨堡方法提出的"授予责任权"，使雇员拥有他独立自主负责任的一个权限范围。转眼间上司不再是行事标准，下属得自己问自己，什么是对的，什么是错的。这种方法被称为"目标管理"，领导给出既定的目标，到一定的时限你得销售出特定数量的产品，达到特定数量的盈利额，至于如何达到目标，那是你自己的事情。

虽然这种方法像是横空一道闪电（后来dm公司运用了参与式领导模式，就是受了这个模式的启示），但也仅局限于此而已。哈尔茨堡模式非常官僚和僵化，其内核有着军队思维方式的痕迹，就像是按照克劳塞维茨[1]思想制定的企业领导方法一样，很早就有人对此提出过非议。20世纪80年代真相大白，赫恩不仅是一位老牌的总参谋长，他还和希特勒政权有过特殊的瓜葛，当过国家安全总部的部门领导和党卫军的高层头目。这样，哈尔茨堡模式逐渐退出了管理理论的舞台。

但在1967年，哈尔茨堡管理模式还很时髦。在企业领导阶层中，人们以在此学院受过培训为荣。我在dm工作的

---

[1] 克劳塞维茨，1780—1831，曾任普鲁士军队少将，战争理论家，著有《战争论》。——译者注

最初几年里也对这种方法深信不疑，运用它进行管理，直到有一天发现了它的局限性。

经过了三个公司的实习生涯和三个月的管理培训以后，1968年11月，我终于来到了我父亲在海德堡的日化卫生保健品商店，那年我24岁。我再也不像童年时代那样，睁大眼睛受着五彩缤纷琳琅满目商品的引诱，站在位于主街与麦尔兹胡同交界处，在中心店门口吹着肥皂泡吸引路人的吹泡熊，此时已不再激起我的兴趣。现在的我以受过专业训练的目光来审视我父亲的商店。

"父亲，如果你继续这样做下去会破产的"

我父亲的准则是，一切事情自己动手。因此，广告宣传也是他自己来做。商店有自己的宣传口号，这在当时并不多见，而我父亲有两个口号，一个口号是："维尔纳日化卫生保健品商店——商品丰富，态度和睦，价廉物美。"父亲的事业是伴随着这个口号发展壮大的。20世纪50年代和60年代，他一家接一家开了多家分店。他还有让他感到非常自豪的第二个口号："维尔纳日化卫生保健品商店货色齐全，缺货速补。"这个口号成为了他企业的亡命符！因为，要长久维持这样的许诺，企业要付出高昂的代价。

海德堡是一个大学城，有许多国外来的大学生和客座教授。他们非常高兴在我父亲的店里可以买到他们想买的一切。等他们返回自己的家乡后，还想继续享受这种服务。我父亲遵循他的口号——商品丰富，态度和睦，价廉物美。他找齐货物，细心打成小包裹，写上地址，贴上邮票，晚上去邮局将众多的小包裹寄往世界各地，有时候还将商品寄往印度尼西亚，寄往雅加达或泗水。为顾客服务的热切的愿望驱动着我父亲去满足每一个顾客的愿望。有时候，货发出去却收不回钱——而他这种售货方式产生的额外支出还没计算在内。他永远遵循他的口号："维尔纳日化卫生保健品商店货色齐全，缺货速补。"

1968年底，当我回到海德堡时，他已拥有了大约20家分店，200名左右的雇员。这些分店是各种各样的小商店，有着极不同的经营特色。这家店经营日化卫生保健品，那家店出售医药产品。有的附带照相器材部门，还有各种各样的改良食品小店，根本没有什么清晰的结构。12月份，我对所有的商店进行了评估，与所有的雇员进行了谈话，用今天的话来说，我进行了考察和分析，以便我在圣诞节后能对父亲说："父亲，现在我们必须谈谈了。"

调查分析的结果非常明朗，至少对我而言是这样：要迅速整顿所有的商店。而我父亲还生活在他那陈旧的企业经济管理的周而复始中，他不做成本计算，他的新夫人，我们在家总是亲昵地称之为"金发天使"的公司会计，她主持的会计工作也远远落后于现状，就连现有的销售额这种最基本的数据她都搞不到一起。

我父亲对此漠不关心，他总是说："一切都在我脑子里装着呢，难道你有本事能干得更好？"他有着多年的成功经历，现在满载成果，止步不前。他也觉察到商店经营不如以前，但他已经两年没有做收支平衡总账，没有想到公司的经济状况已经非常糟糕了。

他在供货商那里已经失去了信用，他只有支付了上一次的账单，才能够拿到新的供货。储蓄银行的经理曾把我拉到一边问道："您什么时候才能接管公司？不能再这样下去了，我们是看着老合作伙伴的面子才给他援助的。"我问父亲是否有正收入，他没好气地回答我："我没时间管这事，我还得做1967年的总账！"整个公司的运行像一架在浓雾中盲目飞行的飞机。但我父亲泰然自若，让我"先慢慢熟悉工作，然后才知道我们公司如何运行"。

　　事情必须有所改变！因此我试图与父亲沟通。开始时我还小心翼翼，后来我变得怒火冲天。那是1月初或者是1月中旬，我站在他的办公室里，经过半小时的争论之后，最终明明白白地指出了现状："父亲，如果你继续这样做下去会破产的，你将等不到百年庆典！"

　　还有12个月，即1970年，公司将迎来百年庆典。一位66岁的父亲听到他24岁的儿子对他说，最多还有一年公司将会破产，他当然不乐意听。父亲被这句话激怒了，两小时后，我被抛在了大街上。

砰的一声，生活的梦想破碎了

　　这几年我转辗德国的各个城市，康斯坦茨、乌珀塔尔、萨尔布吕肯和汉诺威等，就是为了要在海德堡接我父亲的班而做准备。现在不到一个小时，"砰"的一声，我的整个生活之梦就破碎了。

　　我没有时间责怪自己或对我的处境发牢骚。我当然可以责怪自己，比如与父亲的交流方式应该更有外交手段一些,或者说,如今我的处境仅仅是自己的过激行为所造成的。但我从来就是一个有着正常自信心的人。参加划船运动更加增强了我的自信心。我从来不会对事情一开始就满足于现状,我总是先提出疑问:"我们真的必须这么做吗?或许我们能换另一种方法去做?"在我的视野里,始终如一的完美准则是:永远不要满足于问题的第一答案。但像我这样的人在有着权威思维方式的老师和领导眼中,会马上被授予反叛分子的"殊誉"。当年,母亲问我在康斯坦茨的教导主任库恩先生:"我的儿子表现如何?"他叹息着说:"您的儿子对一切事情都会提出反问。"我母亲点点头:"是这样的,我知道。"库恩先生答复我母亲:"所以说,我总是把您儿子称作u. U.[1]——一个令人不快的下属!"

我现在该何去何从?我只熟悉这个行业,所以明摆着的事儿,我得寻找其他日化卫生保健品商店,而且店主愿意接纳一个"令人不快的下属"。或许,店主还能从我的知识和主意中获利。

身处困境的我想起了卡尔斯鲁厄市的劳特日化卫生保健品公司,这家公司的主人与我父亲有着长久的合作关系。劳特日化卫生保健品商店有大约12家分店,此外还有一家化学用品商店。公司主人的儿子大约年长我20岁,他大学选择的是自然科学专业,获得了博士学位。后来他创建了一个小化工厂。他父亲卡尔·劳特已经年近80,正在为他的连锁店寻找一个合适的接班人。他最初的打算是,

---

[1] u. U.:德语 einen unangenehmen Untergebenen 缩写。——译者注

等"年轻的维尔纳"接班之后，将海德堡和卡尔斯鲁厄的分店合并起来。现在我接不了班，无论如何在海德堡接不了班，我断然去了卡尔斯鲁厄，向他解释了我的处境。14天以后，也即2月1日，我开始在劳特公司工作。我开始做我在维尔纳日化卫生保健品商店不允许做的工作：着手整顿重组商店。

  我勤奋地工作，将我在汉诺威学到的东西全部投入实践中。在今天看来我那时的做法非常外行，但在当时的环境下我竭尽自己所能，坚持不懈努力，谦虚以待成功。

  我父亲的公司虽然比我预言的破产时间要生存得久一些，但可惜仍在百年大庆之前就陷入了我所预料到的困境中。因为我还拥有我父亲公司的股份，有一天一位投资商赫尔穆特·尼斯讷尔先生来找我。他是一个开放型的、令人印象深刻的男人，他已经在法兰克福收购了几家日化卫生保健品分店，还在寻找能够收购的商店。他与我父亲未能成交，我父亲1970年将他的日化卫生保健品商店卖给了斯图加特的高德日化卫生保健品公司。现在通过我的介绍，赫尔穆特·尼斯讷尔和劳特的儿子劳特博士取得了联系。劳特博士毫不迟疑地抓住了这个机会，1971年底，他卖掉了日化卫生保健品商店，以便能全身心地投入他自己的化工厂的工作中去。

  可以说我是被一起卖掉了。我此时的任务是作为代理经理管理上百个日化卫生保健品商店。这些商店都是赫尔穆特·尼斯讷尔以突发奇想、迅速出击的方式买下来的，并给这些店起名叫伊德罗。我的任务是想办法调整商店的结构和布局。简言之，这种商业模式不注重实体内容，而是追求数量,其主导思想是"独腿多多益善,两条独腿凑成一双,就能成为一个完美的百米赛跑者"。

简单举个例子,我在星期一大清早接到一个来自柏林一家日化卫生保健品商店店主打来的电话,他说:"尼斯讷尔先生上个周末将我们店买下来了,我应该和您约定个日期清点货物。"下午我就开着我那辆漂亮的公务车——一辆六缸250型的奔驰车——奔向柏林,几天之内搞清新店的情况。这一切听上去很了不起,当个大公司的经营代理人很有点分量,那时我周围的人惊叹于我的成就,认为我终于得到了我想要的一切。

遗憾的是,几个月以后,我清醒地看到了伊德罗公司将会资金短缺,因为这些旧店不能创收,没有资金能为未来改旧换新。

"雄心太大,绝无实现的可能!"

"不能再继续这样搞,"我想,"得有一个新的合理方案。"晚上下班后,我坐在桌边,对我所学到的和看到的一切进行思考,写下我对未来日化卫生保健品市场经营的设想。这种设想用今天的术语叫商业计划书。当时我的计划没什么名称,但我的方案中包含了数据、增长设想,还包括了如何逐步实现计划的措施。就是在今天,回过头去看,我的计划也还是很不错的。但这次还是没人理解我的确凿无疑的见解。1973年2月我向伊德罗公司合伙人顾问委员会介绍了我的计划,他们的反应只是简单的几句话:"雄心太大,绝无实现的可能!"

后来，我站在赫尔穆特·尼斯讷尔的办公室里——正如我四年前站在我父亲的办公室里一样，我说："尼斯讷尔先生，您的企业将会破产，如果没有什么改变措施，我就辞职。"

伊德罗公司的策略没有改变，运行依旧。这样，我离开了公司，奔驰车换成了一辆雷诺4型旧车。接下来几个月我在霍尔茨巴赫塔尔地毯公司工作，挣钱养活一家四口。这家公司大约有20家分店，经营地毯、纺织品、地砖等等，是行业的佼佼者。我真的做出了彻底转行的考虑，并甘于迁往柏林。但我的心中蕴藏着dm日化卫生保健品超市现实的梦想，我在等待着这个梦想被重新唤醒的机会。

> 你站在那里，为自己羞愧吧，因为你不得不承认：一个善良的人，即使迷惘在黑色的欲望中，也终会悟出一条正路。
>
> ——约翰·沃尔夫冈·歌德

第三章　关注于人
或 成功之所以被称为成功的理由

经商的优点是，你可以马上看到自己是否成功了：营业额就是顾客的掌声。如果顾客买空了商店的货架，说明你经营有方。卡尔斯鲁厄商店销售方式的成功开拓了公司继续发展的大道。我作为开路先锋引导着这个公司，我们几乎不再需要外来资金。几个星期之后，账目一目了然，我有足够的资金，可以开第二家分店。我的想法是："第一家店运行得这么好，现在我们得开第二家店，以便证实这种现象是否只是偶然现象。"1974年，我在曼海姆开了第二家店，这家店营运得更好，那时约定价格的政策已经取消。

此时我拥有了确切的实践经验，证明我的经营成果不是一次性的，这个成果是显而易见的。因此两个月以后，我对自己说：现在到了扩展这种经营方式的时候了！

当然，当时并不是所有的人对我的成功与我的看法相同，他们不认为我开创的是正确的经营之道。从围绕在我身边的生产商代理人的闲言碎语中我听到，大多数人认为我必然会失败："这样做成不了大器，商品种类少，价格又低，怎能成功？"

经营日化卫生保健品的商人们坚守着我会失败的预言。对我迄今为止取得的重大成果，他们总是找出三种解释模式中的一种。

第一种看法是：我愚昧无知。德国于1967年才实行了增值税政策，当时许多商人执行增值税政策有难度，取消了约定价格后更增添了混乱。商人以净价买入货物，再加上增值税后出售，一些商人计算上出现了差错。因而一些人认为："维尔纳先生的商品之所以便宜，是他忘了加上增值税。"

第二种看法是：我在操控。当时我80多岁的祖母对事情就是这样解释的。她是个典型的普鲁士人，比我母亲还厉害。有一次她来拜访我，喝着咖啡，她弯下腰来，贴着我的耳朵悄声问我："格茨，告诉我，你现在这么成功，是不是你给别人使了坏？"

第三种看法是：有人庇护了我。人们不相信我的经营模式能带来收入，就设想有人在经济上为我提供了援助。在这些舆论中，最清晰的莫过于："肯定是阿尔迪做了他的后盾。"

这些看法当然都不能成立。我们当时的销售利润率高于15%，而今天有1%的利润率就是幸事了。我后来再也没挣过像开头两家店那样多的钱。

一位朋友来访，看到情况后感到很惊讶

尽管有各种各样的流言蜚语，第二家店的成功使我获得了自信。我的经营方法切实可行。我此时开始寻找一个合作伙伴，准备大干一场。我找到了君特·勒曼，他是当时德国南部有名的家族食品连锁店"蛋饼"的年轻掌门人。我转让给他50%的股份，期待他成为一个积极的"合作者"。在开始阶段他还热情高涨，但在后来的年代里，他却变成了一个被动的合伙经营人。

1974年11月，利用位于伯布林根一家关闭了的"蛋饼"商店的旧址，第三家dm商店开张了。次年1月dm商店在鲁尔区也相继打开了局面。先是在赫尔内开了店，接着在爱森也开了店。以后大约每四周就有一家新店开张，接连不断，到1975年夏天，已经有了20多家商店。

我领悟到：成功就是成功，因为商店在一家接着一家地开张。

事情越来越多，渐渐地我就忙不过来了。以前一切事情都比较简单，知道想卖什么，知道怎么去卖，只要雇几个人，告诉他们该怎么做就行了。我当年的第一个员工是劳动局介绍来的一位年轻女雇员，她在dm真的干出了一番事业，直到她退休。

而现在dm发展壮大，需要一个全面完整的结构。我

向我的划船老伙伴君特·鲍尔，也即佩皮求助。他此时在奥地利的霍费尔连锁超市干得很有成就，这家连锁店1968年被德国的阿尔迪收买了。我们之间很少来往，但我知道他现在领导着50家分店，熟谙阿尔迪的经营管理之道。1975年8月，我干脆给他打了个电话："你来卡尔斯鲁厄吧，我让你看看我干了些什么。"

他过来了，看了我的情况，惊呆了。我们先去参观了卡尔斯鲁厄市的分店。那是星期六的上午，商店里到处都是购物车，所有的收银台在飞快运转。我们又去了伯布林根，那里也是同样的场景。从佩皮的眼中我看到，他被这场景吸引住了，这事对他而言也是确信无疑的事实。在路上，我跟这位老朋友谈起了过去几周的营业额，他把dm数据与阿尔迪的进行了比较后感叹道："真不可思议！"他几乎不敢相信自己的耳朵，他说："霍费尔不知要费多大的力气，才能达到这样的营业额。"

几周以后，我和君特·勒曼到奥地利做了为期三天的回访。我们转了几个大城市，佩皮带我们参观了几个霍费尔分店，我们酝酿出了一些如何共同合作经营的想法。

佩皮的意见是，他可以在四到六周之内做好一切准备工作，然后可以在萨尔茨堡或林茨开出第一家分店。说干就干，1976年1月中旬，我们订立了合同，成立了奥地利dm公司，佩皮辞去了他在霍费尔的工作。这使我感到振奋。佩皮8年来在霍费尔公司积累的丰富经验令人印象深刻，这些经验对我们德国的dm公司也很有用。又过了几周，我作出了一个明确的决定：我请佩皮加入德国dm公司——与我平起平坐，成为公司的领导人。佩皮对我的建议感到意外，他请求我给他一段时间去思考。

后来我了解到，他并不是需要时间来思考我的建议，而是已经作出了决定。但他需要时间将他的决定慢慢地告诉他夫人。他们那时刚刚建好了位于格拉茨附近的住房，为了这栋房子，他们两年来几乎投入了所有的业余时间。一年前，第一个孩子出生了，现在他夫人又怀着第二个孩子。如果他现在加入dm，那就意味着要离开格拉茨，在卡尔斯鲁厄重新安家。他的说服工作显然很有成效，他的热情感染了他的夫人。仅仅8周之后，他们全家迁入了卡尔斯鲁厄市内的一个140平方米的住宅里。当时的计划是，他们在德国呆3年，等到奥地利的dm发展壮大之后，再回奥地利。

运用字相学筛选成筐的求职书

从现在起，我们在两个领域加紧工作：一方面调整dm现有组织结构，另一方面系统地扩建奥地利的dm分店。创建公司的组织结构，也就是建立公司的第二层领导机制。因为我几乎不可能管理四五十家分店，尤其是我们还要努力保持继续增长，我还有其他任务要做，不可能一家分店一家分店地跑。

佩皮有着经营阿尔迪的经验，"我们可以按我以往的方法来做"，没有异议，就照他的经验行事。佩皮有着1.98米的高个，体重150公斤，这种体型，再加上他在奥地利霍费尔公司8年的领导经验，他说的应该不会有错。尤其是他的方法让我们马上受到了启发：我们将引进哈尔兹堡模式,把商店分区域,六至七个分店分派一位区域领导。在开始时有五到六个区域领导就够了,但从长远来看,不久的将来我们就需要20个区域领导,现在就该着手去寻找。就连招聘员工的程序我们也仿照了阿尔迪。

出于没有足够的应聘者的担心,我们在三四家报纸上刊登了招人广告:"招聘销售领导。"广告行文我们也狡猾地抄袭了阿尔迪公司招聘区域领导的一则广告,只是配上我们dm的要求。这样做减轻了我们的工作量,而且我们希望用与阿尔迪相似的广告减轻人们的疑虑,毕竟我们在当时还完全没有名气。

接下来飞来了成筐的应聘信,到了最后大约有850封应聘信堆放在桌子上。我永远忘不了,我们当时围着信件,情绪激动不安:我们该拿这850份应聘信怎么办?从中挑选会像是麦秸堆里寻针。我们得找出一些筛选的标准,将数量减少到30份,才能进行面试。我们应该用什么标准呢?要是读每一份履历表,我们就会需要好多天的时间。

我们采用了生硬和不公平的解决方法。第一步,我们采用了随意和完全注重外表的标准来进行挑选:剔除没有签名的应聘书——人们难以想象,但常有这样的人,邮票没有贴端正的不要,留胡子的不要,等等。我们用这些外在的形式来做为选择的标准。因为我们的想法是,谁要是在这件事上不注重外表,那他将来在公司里工作也会如此。最后留下了45份应聘书,我们打算细细地对它们进行分析。

我们依然采用了佩皮从阿尔迪带来的方法:我们请字

相学家来挑选，这是一种很有意思的经验。

　　字相学是一种借用字体鉴定心理的方法。这种方法在今天会遭到人们取笑，但它曾经在德国风靡了很长时间，曾被看作是真正的科学。20世纪20年代，字相鉴定曾被引入法庭。一直到80年代，求职书都得用手写，阿尔迪和dm并不是使用字相鉴定方法来挑选雇员的唯一企业。别人给我们推荐的字相学家叫菲舍尔，他在海德堡生活工作，现已不在人世了。他用从字迹分析得出的心理鉴定给我们发出清晰的命令："这个人你们可以雇用，那个人不能用。"我非常看重菲舍尔先生的意见，他的推荐总是正确的。当然，你决定启用一个字相学家为你咨询，这本身就意味着你作出了要听从他的决定。设想看，如果字相学家对某人做出不利雇用的鉴定，你还是雇用了此人，那会有什么样的结果呢？当这位新雇员第一次做错事时，雇主就会陷入疑虑。一份带有否定性的字相学鉴定是与可能产生的不信任联系在一起的。相反，一份正面肯定的字迹鉴定会多增添一份信任，雇员犯了错误也容易得到原谅，入选人最终本质上——经过"科学的"验证——是个好雇员。

　　通过初步筛选，最后留下了10个左右候选人，我们对他们进行了面试，最终我们录取了6个人。面试的过程又涉及确信无疑的体验，你得与面试人交流，看看能作出什么决定。

"年轻人，你必须学习！"

这种挑选雇员的方法我们使用了很长时间，直到我们开始从企业内部选拔领导。我们的领导准则一开始也是在阿尔迪领导手册的基础上制定的。阿尔迪的领导手册充斥着军队作风，过分细致地运用了哈尔茨堡原则，佩皮只是将它做了微小的改动就运用于dm。这种方法的中心不是人，而是秩序、精准性和生产能力，这种方法是人处于体制机制之下。当时，这种方法对我们来说似乎具有启示性效果，我们也就没有再去深究的必要。

我们只是在几个细节处去掉了严格的规定。例如，哈尔茨堡模式对雇员的提拔有着严格的规定，相应的学历才能与相应的职位相匹配。佩皮和我都认为这种规定是不合理的。学历在我的职业生涯中不起作用，佩皮也痛恨这个条例，在霍费尔公司，他因此而不能提拔一些能干的部门经理，尽管这些人都是大家公认的优秀的销售人员。于是，我们在dm的领导手册中首先写明，理想的团队组合是：百分之五十的实干家，百分之五十的受过高等教育的人。女性从一开始也得到了我们的重视，而在霍费尔公司，男性长期占据着领导岗位。

与此同时，我们开始在奥地利扩展。1976年11月，我们在林茨开了第一家商店，一年以后就已经发展到10家商店了。当时预计，到1978年奥地利至少会有14家分店。在此之前不久，佩皮有一天来到我的办公室，对我说："格茨，我们必须谈谈，现在公司开始进入火热的发展阶段，是时候了，我必须返回奥地利了！"这比我们原来的计划早了一年，但刻不容缓，他要是重新回到奥地利的话，就能够更好地把握当地的发展状况。

不久，奥地利的dm分店增加到了80家。而在1981年，经过短暂的谈判，速战速决，我们收购了100多家连锁店，在奥地利将近有60家，在德国将近有70家。有些商店布局太密集，所以我们关闭了个别商店。这样一来，奥地利就有130家dm分店继续营运，而在德国就有250多家分店，发展真是势如破竹！

"成功就是成功，因为它是成系列地在发展。"我们常常开玩笑地重复这句话。但企业本身的发展速度造成了企业整体结构的庞大增长。事后来看，好像我们的一切成果都是基于很有系统的准备。实际上，在日常工作中，我们更多的是凭直觉去行事。看上去好像我们当时就意识到这一点，我们在20世纪70年代末期就开始调整企业的效应和企业整体结构发展的同步性。

一些企业开始时成果辉煌，后来却以失败告终，原因就是缺少了这个环节。许多开路先锋相信，只要他们运用迄今为止已经拥有的能力就能永远取胜。他们以经验行事：我在过去取得了成功，未来我也将会成功，他们想复制他们的成果。他们一边回望（过去的成果），一边前行（向着不明确的未来）。正因为他们不观望未来的道路故而落入了陷阱。按照经验行事是不明智的：因为各种条件在改变，人们需要有新的能力去取得成功。过去的行为方式虽然带来了成功，但也因此而形成了新的状况，带来了与此相应的新的挑战。这种新的挑战正如著名物理学家艾尔伯特·爱因斯坦指出的那样，不能用昨天的思维去解决,因为今天的问题正是由这种思维引发的。所以,人需要改变,需要提高能力,也即提高认知。我明确地对自己说:"年轻人,你必须学习!"

我想起来,我在伊德罗公司工作时,曾多次参加在苏黎世附近吕施里康小镇的戈特利布·杜特韦勒学院(GDI)举办的学习班,我很喜欢那些讲座。

杜提,一个巨人成为榜样

GDI学院是瑞士成立最早的经济思想库,它是1963年为纪念戈特利布·杜特韦勒而成立的。戈特利布·杜特韦勒领导瑞士食品连锁店米格罗取得了巨大的成功,他是一个很有影响力的人物。20世纪20年代他打破了食品行业的常规,跳过中间商,直接以便宜的价格出售商品。1948年他建立了第一家自助式购物商店,1957年,他开始推行范围广泛的文化项目,其主导思想是:"如果我出于一个好的目的把钱从窗子抛出去,那么这个钱就会落入下面的购物袋里,会被收回来。"直到今天,公司连锁店营业额里有一笔固定比例的钱,它作为"米格罗—文化百分比"被拿出来用于公益目的——在2011年时,这笔资金超过了一亿一千七百万瑞士法郎。

杜特韦勒1940年的行动尤其让人感到震惊:他将他的财产赠送给当时他的120000名顾客,他把估值为一千万瑞士法郎的米格罗股份公司及所附属的工厂企业转变为合作协会形式,将资产股份分配给了顾客,他把他的别墅以及环绕别墅的大花园也交为公用。当时52岁的他只给自己留下了一百万瑞士法郎"以备急用"。今天米格罗合作协会包括下属的十个地区合作分会，它有超过两百万会员。它拥有86000个雇员，成为瑞士最大的企业雇主。

在瑞士，"杜提巨人"（这是一部关于杜特韦勒尔的纪录片的名字，这部纪录片于2007年上映）不仅以慷慨的慈善家和未来积极的策划家著称，他还把投入领导公司的热情同样投入政治，尽管他实际上不属于任何党派。右翼党派不喜欢他，因为多年来，他与那些仅仅追求利润的大企业进行抗争；左翼党派也不喜欢他，因为他坚决反对共产主义和社会主义。他坚信消费者的力量。他的观点在当时引起了极大的争议，他体现出来的性情也是相当极端化的。例如1948年，他扔石头砸了伯尔尼瑞士议会大厦的玻璃窗，因为他感觉到，那些政治家迟迟作不出决定，这种无能的行为会引发一场新的战争。

这位常常被嘲笑为"通心粉大王"的企业家，在他临死之前，为建于吕施里康小镇上的戈特利布·杜特韦勒尔学院立下了奠基石，此处成为一个研究经济和社会政治问题的中心。他坚信"社会资本"的观念，想让后人继续追求和完善他的理念，负有责任感地服务于全体。他的核心思想是："人是中心，资本不是中心。"直到今天，GDI学院还遵循着他的基本原则，研究和传授贸易和消费领域里经济和社会的现实问题。

自从我离开了伊德罗公司以后，就再未关心过这个学院。我没有时间也缺乏意愿去参加各种讲座学习班。作为成功的开拓者，无论怎样总是比别人要知道得多，既然我做的事都是正确的，那么也就不必再去学习新的东西了。

幸运的是，随着事业成功的发展，我逐渐感觉到内心不踏实，准确地说，我内心感到了一种对学习的渴望。其缘由不是说公司陷入了困境或是盈利逆下，而是因为我想保持自身的强大。再怎么说，当年的划船经验告诉了我，无论人们在以往取得了多少金奖，但如果不坚持刻苦训练，就赢不了下一场比赛。

这样，1977年夏天，暑期长假前，我参加了一个为期三天的讲座，讲座的题目是有关"组织结构的发展"。这个题目很对症，这正是我们dm公司当下发展所需要的。举办讲座的地址不在吕施里康，而是在卢塞恩山上的一个名叫"桂池庄园"的宾馆里。旅馆的建筑出自"美好时代"（Belle Époque），是仿照新天鹅堡宫殿建造的。它耸立在城市之上，拥有私家缆车，像是城市的一个标志。在那里参加讲座，我们每天都在美好的环境和气氛中度过。

"请问，您是不是研究过人智学？"

讲座的具体内容我记不清了。我们一共大约有35个参加者，来自各个不同的商贸企业。按惯常的方法，分组学习讨论各种问题。在讲座中，我肯定获得了这样那样的认知，但真正对我未来的生活起着决定作用的是一次在喝咖啡时的邂逅。那应该是在第二天或者第三天，在休息时，讲座领导人向我走过来，他叫海尔姆特·吉·滕·西特豪夫，一个大约50岁左右的荷兰人，在印度尼西亚出生，长大后回到荷兰。

"请问，您是不是研究过人智学？"他问我。我感到很惊讶，从来还没有人问过我这样的问题，但答案是正确的。

鉴于我上学时的失败经验，我和我的夫人决定，我们的孩子应该拥有另一种学校生活。我们和几位有同样积极的家长一起，建立了卡尔斯鲁厄市的第一所华德福学校。由此我第一次接触到了鲁道夫·施泰讷的理念。我开始读一些关于人智学的著述。当然，到现在为止，我并没有对此下过很大的功夫，毕竟那些概念很生僻，文章也不易读懂。

"为什么您这么问我？"我追问道。他回答说："您在学习班里陈述问题的方式方法很符合鲁道夫·施泰讷的思想。"他又简短地告诉我，人智学是他一生职业生涯的精神食粮。

喝咖啡的时间结束后，他将一本83页的小册子塞到我手中，这本书是他的导师贝尔纳德·利维格德教授的报告文集。利维格德教授对20世纪50年代起在欧洲流行的"组织机构的发展"这一概念有着决定性的影响，他是一位来自荷兰的正宗人智学家，也是荷兰组织机构发展教育学院的奠基人。这个学院简称NPI，位于荷兰的蔡思特，是一个国际企业咨询组织，也曾为一些大公司作过咨询。这本小册子名为《治疗教育学中的社会形态》，它并不是一本典型的企业家读物，尽管如此，我在度假时还是带上了它。在阅读中，我渐渐对它产生了兴趣，我开始思考社会性这一问题，人在他的行动中是如何学会社会定位的？

我首先思考着海尔姆特·吉·滕·西特豪夫交给我的三个核心问题：

第一个问题：企业为您而存在还是您为企业而存在？

第二个问题：员工为企业而存在还是企业为员工而存在？

第三个问题：顾客为企业而存在还是企业为顾客而存在？

三个问题改变了世界（视野）

当时我还沉醉于事业成功的兴奋中，我绝不会向自己提出这样一些问题。而现在我突然能用不同的目光来观察世界。我突然听不惯一些企业家的言论了，他们在某些场合抱怨说："雇员欺骗我！他事先不问我就买了新的库房推车，这会使我们的盈利受损失，这是我的钱，这种人应该因为小偷行为而被解雇！"

过去听到这些怨言，我的反应或许只是耸耸肩膀。在dm公司，我当然不会因为某人把坏了的工具换成新的这种行为为理由去解雇他。但现在说这种话的人的态度让我很反感。正像滕·西特豪夫给我提出三个问题时，他还说到的那样："人们观察世界时，有意识地采取的不同态度，也正是对这些问题的不同形式的回答。"

先下去吃饭？谁为谁而存在？为顾客？为雇员？为企业？人是手段还是目的？

这些问题缠绕着我。随着时间的推移我越来越清楚地认识到：如果不以人为目的的话，世界上一切创造行为将不复存在。所以人从来不是手段，而是目的！

我们当今社会问题的原因正在于此：无论你是阅读商

业报道、经济日报,还是阅读《经理杂志》《明镜周刊》《法兰克福日报》等,问题总是颠倒的:人是手段,而从来不是目的。因此我们才有整个扭曲的现象。

当我们开始研究这些问题,并且是认真地研究时,也就是说不仅要理解,而且要用感觉去体会,这时,我们观察世界的视野就会得到改变。我们会用不同的视野来观察世界,这样我们就会发现不同的东西,就会去甄别,如此,我们就会开始引导企业走上一条不同的道路。"谁在为谁而存在"这个问题自动引发出另一个问题:

企业是为盈利而存在还是盈利为企业而存在?

我建议读者将这本书放下,思考片刻,自己来想想这个问题:企业为盈利而存在还是盈利为企业而存在?

我的回答是:企业的根本任务是,在本来相互矛盾的两极之间建立起一种平衡。矛盾的一极是:你必须获得盈利!另一极是:你必须尽可能降低价格!两者相互矛盾。大多数人在这两极之间找不到和谐的韵律,其思路陷入非此即彼的两难中:"如果我想得到更多的盈利,我必须提高价格……"久而久之,他们又惊讶地发现,他们失去了顾客。当顾客得到的回报率大于价格时,他们才会接受高价格。最讨顾客喜欢的是价廉物美。因此,一个企业家必须同时提高服务和降低价格。而且降低价格同样也是一种提高服务,我降低价格,以便提高盈利,低价吸引更多的顾客,企业也得到了更多的盈利。企业必须在以顾客为中心(高质量、低价格)和企业的利益(高盈利、确保不断创新）之间持续平衡地运行。

听起来非常简单，但实际上做起来非常不容易。

解决一切日常问题的宝库

随着时间的推移，我开始认真地钻研各种人智学的文章。我的内心生活变得活跃了，我整天都处于一种思考的状态。例如，我发现我突然受不了开车时的音乐打扰。当时我开的车，只要拧钥匙点火发动，收音机就会自动开启。现在我关掉了收音机，因为我总是在思考问题。直到今天都是这样。甚至坐出租车时，一上车我马上就让司机关掉音乐。

我们必须找到正确的平衡，"活跃的生命状态"和"沉思的生命状态"是不可分离的。行动需要反思。因此我们在dm也经常运用佛兰德诗人古多·戈采乐的一句话："先思后行，行中有思。"遗憾的是，当今我们常常看到的情况是，人们缺乏反思。他们总是忙忙碌碌，静不下心来，行动时盲目而侥幸。我们只有通过反思才能敞开胸怀来迎接新事物，才能拥有把握新事物的力量。

通过从事人文科学和人智学的研究，我开始学会对事情提出疑问，而不是急于去采取措施。我发现，人智学像是一座宝库，从中不仅可以找到我日常问题的答案，甚至还可以找到我近期和远期思考的答案。通过与海尔姆特·吉·滕·西特豪夫的相遇和读施泰讷的著述，我打开了一个新的视野，我开始以不同的角度和新的目光来观察世界。

在这之前，我几乎没读过什么书，而现在我变成了一个书虫。这给我带来最大收获的是认识论,施泰讷在《自由哲学》一书中阐述了他的认识论,这本书价廉物美,我肯定已经读了有十几遍。

书中涉及的问题是,人如何认识世界。大多数人对此知之甚少。许多人只是说,我认识世界。只有极少数人反问自己:我是如何认识世界的,为什么他人对世界的看法与自己不同。正是由于我们对世界的不同认知产生出如此之多的难题。如此一来就十分有必要追问:为什么我们认知世界的方式不同。认识论正是研究这一问题。

对我而言更重要的是第二个问题,轮回和因果报应。重大的区别在于我自己如何评价生命本身。我可以如此说:我前面是深渊,我后面也是深渊,那我得在当下尽可能地去获取能够获取的东西。我也可以这么说:我,作为我,是独一无二的、不可替代的,是轮回的,在我当今的生命中有我要去完成的任务。

如果我们允许自己提出这样的问题——而不是因为找不到答案,而禁止自己去提出问题——那么我们大家都与这样神秘的问题有关:我为什么来到这个世界?我的使命是什么?我需要学习什么?或许我该在今生协调补偿前世做过的和未做的事情?

自从我第一次研究这个问题后,我就清楚了,我们的生命只能在重生的形式下存在,否则我们的生命根本就没有意义。人们也不可能解释诸如罪孽和赎罪、幸福和厄运、病痛和健康等等。如果一切都只局限于今生,那么我们就不可能明智地解脱。当我们超越肉身去看问题时,我们便找到了一个完全不同的空间,就能具备认识事物的新的可能性。

思考——在"生活的大学"中

许多人觉得鲁道夫·施泰讷的文章及他的语言晦涩难懂，对于我也是如此。我结识了我的第二个夫人贝阿蒂丝之后，才对读施泰讷的文章有了真正的热情。贝阿蒂丝早已谙熟人智学理论，她为我开启了理解鲁道夫·施泰讷中心思想的通道。我们经常反复阅读那些著作，坚持不懈努力，谦虚以待成功。人们不能像检验一本自然科学的书那样来检验施泰讷的著作；不能像对待自然科学的认识那样去测量、证明和复述他的认识理论。但人们可以了解这些文字，可以让这些字句与自己的意识和灵魂相碰撞。然后人们必须对自己提出问题：文章与我关系如何？它遭到了我的抵触，还是有一定的东西触动了我，或是我会排斥这些东西？

人智学是关于人的智慧。它成为我更好地理解世界与人的源泉，它引导我更多地去看到答案而不是去看到问题。在当时我绝不会这样去说的，而现在我从自己特定的经验中知道了：对人的理解越清，对世界的理解越深，你就能更好地改变世界和服务于人。

接下来的日子里，我和海尔姆特·吉·滕·西特豪夫多次长谈，从方方面面讨论了这三个基本问题及这些问题对我们企业领导的影响。我们企业的社会组织机构，我们用感知去领导的管理机制，特别是我们的对话式的领导方式——我们今天在dm运用的这些方法，都是在提出这些问题的基础上才得以发展。

倘若一个企业家对世界以及对他人没有关爱,他就不会取得持久的成功。有的企业家这样想:雇员一是贪婪,二是行窃。这样的企业家可能短期内成果辉煌,但随着时间的推移会失败,这样的例子我亲眼见得多了。

我虽然没有上过大学,但我上了"生活的大学"。在生活的大学中,人们通过生活中关键的经历在学习。与海尔姆特•吉•滕•西特豪夫的相遇就是这样一个开启式的经历。

我突然获得了一个清晰的视角,也就是说获得了一个追求的目标方向。通过钻研人智学——当然也有可能通过其他方法达到同一目标——我学会了区别重要的东西和不重要的东西。总会有上千个问题的出现,哪些是重要的?哪些对于我是重要的?其他人需要什么?什么对于体系来说是重要的?什么对于其他人来说是重要的?

后来我在报纸中经常读到,dm的一切都受着人智学的影响。有的求职者提出疑问,是否必须是人智学研究者才可以在dm工作。不是,人们不必是人智学研究者。将我的思想简化为人智学,是表面化的,不合情理的。人智学不是将我孵化了,而是给了我动力。对dm也是这样,我开始借助人智学来思考公司的问题,如此而已。

人智学不是宗教,没有规定信条。人们可以运用人智学的知识来掌握人和团体发展中的规律性。而如何运用这些认知,人智学并没有给出指示,这需要用心灵去感应,用直觉去判断。

人智学对我这个企业家的意义就像静力学对于建筑师的意义一样。一个建筑师的目标是造出设计独特、节省材料的建筑，因此他必须熟悉静力学的规则。与此相同，我作为一个企业的负责人，要掌握人智学。用人智学使企业的发展具有持久性和承受力，这种可能性要比我根本不懂人智学要大得多。

人被判定为非十全十美

用这种思考、这种质变、这种观察世界的方式方法去引导企业会使得整个企业变得更加明智。企业的一切工作和任务变得更加透明，而且一切突然变得可以表述了。在这之前，我从没有描述得很具体的目标，一切决定要么来自直觉，要么基于确信无疑的体验。这种东西该如何向人去解释呢？这或许出自于最原始的感觉，但无法使它文字化。若想将它文字化，即书写成所谓的"企业文化"，那就必须明确该怎样去解释清楚。

因此，海尔姆特·吉·滕·西特豪夫向我提出的问题成为dm发展的一个重要动力。我现在可以站在员工面前告诉他们："dm为什么存在？是为了人的发展可能性创造环境条件。亲爱的同事们，如果我学过做轮胎生意，我们在此就会卖轮胎，但我学的是经营日化卫生保健品，所以我们现在就卖牙膏。但公司的基本理念是，人能够作为人而发展自身。"

我在这里也喜欢引用歌德笔下浮士德的话："我们只能拯救不懈努力的人。"因为，没有什么事情我们不能把它做得更好，人被宣判为不完美，但我们可以不懈地努力，将事情做得更好。我们如何为人的发展可能性创造基本条件呢？

海尔姆特·吉·滕·西特豪夫成为了dm举足轻重的顾问。以后几年里，我们和他一起举办了多次讲座，商讨我们组织结构的发展。在他的帮助下，dm哲学也就产生了。

1982年，德国和奥地利的全体dm领导，大约有30人左右，在奥地利坐落于策勒湖边的策勒镇的一个宾馆里，聚集在一起，进行了为期一周的学习讨论。我们从早到晚讨论企业哲学问题。我们不仅仅只是谈论，而且每个人每天有两小时的时间，将一块滑石按照个人的想法加工，塑造成各种各样的造型，从抽象的形状到一只脚的造型，还有巨大的烟灰缸。

晚饭后，大家重新坐在一起，听海尔姆特·吉·滕·西特豪夫给大家朗读文学作品和文章。这里要说明一点，我们都是商人，几乎无人听说过帕尔齐瓦尔或圣杯城堡。有的人更愿意去看一场007的电影，有的还在其间打起了瞌睡。但这些文学作品和文章还是唤起了我们内心的某种东西。无论如何，一周结束后，我们的企业哲学产生了。这些企业哲学的基本原则我们一直到今天还在运用。其中表达的句子不是由价格昂贵的广告公司用考究的文笔写出来的，他们的句子多多少少都套用了抒情式的公文口号。"在我们这里人是中心！"我们的基本准则，包括结尾的标点符号，都是出自于我们自己的工作。后来我们不断遇到的问题都能把我们带回到这些基本原则中去。

例如，在员工基本准则中有一条："我们的意愿是，帮助一切员工了解我们企业的规模和结构，让每一个员工确信他的工作得到了不偏不倚的认可。"

对一个仅有100或500名员工的企业来说，这条准则听起来简单易行。然而，现在dm有46000个雇员，如何让每一个人确信他的工作能够得到不偏不倚的认可呢？类似这样的目标，直到今天依然不断成为对我们的挑战。

还有一条基本准则同样不是那么简单："我们的意愿是，给每一个员工提供可能性，使他们能够相互学习，彼此'以人相待'，认识他人的独特个性，以便创造前提条件，使员工们愿意认识自身，发展自身，能够从事分配给他的任务。"我们在不断地寻找，也找到了答案。我们总是在寻求新的答案。

完善顾客的消费需求

我们这30年来投入最多努力去做的还是当年写入顾客基本准则中的这一条："作为经济团体，我们不断面临的挑战是，塑造企业，使我们顾客的消费需求变得完善。"

完善顾客的消费需求。其他人也许会这样表达这句话的意思：我们愿意满足顾客的需求，但不是用廉价刺激的方法。因为，在我们的玩世不恭的商业界里，日常生意就是用这种常见的方法：无数公司生存的方式就是去唤醒顾客的需求，仅仅是在劝说顾客买某种无用之物。一个企业不采用带有激进色彩的广告，就已经算是一种正派行为了。我们可以这样讲：我们不想诱骗顾客，说他们买的不是面条而是幸福，他们得到的不是一些累赘无用的装饰物而是关爱。我们还可以这样写：我们发展制定的销售策略不像有些保险公司的产品，让顾客产生依赖性；相反，我们想让顾客有自己作出决定的自由，知道自己什么时候需要或不需要什么产品。

这些都不是我们的做法。当我们用这种方法思考企业哲学时，我们不是出自外在的压力而是发自内心表达出对我们而言重要的东西，我们写道：我们想使顾客的需求变得"完善"！这是一种高要求。但我深信，如果所有的人拥有静下来思考的自由，那么大家关切的事情是，作为一个团体，我们要在我们生存的环境中作为典范，这种愿望源自于人的存在。正因如此，我们表达出了一种更高的要求，而不是那种好听也容易实现的要求。

在实践运作中这条顾客基本准则一再遇到了挑战。例如，一种印着米老鼠图案的创可贴是完善消费需求呢，还是说孩子们并没有受伤却想要这种创可贴？享乐商品是完善消费需求吗？出售酒品对吗？还有香烟呢？我们出售原材料没有可持续发展性的商品或不公平贸易的商品是完善需求吗？

一个商人必须意识到，他的经商方案应与现实相符合，由此在一定程度上满足社会的需求。满足的程度越高，市场的前景就越广阔。如果谁在一个有15000个居民的城市开一家商店，而商业模式只能符合1%的居民的需求，那么时间长了，这家店就像一根少肉的骨头。我只能在拥有百万人生活的伦敦或巴黎开店运用这种经营模式，在那里或许会有那么上千个人，他们会说：天哪，这东西我无论如何都需要，我得去买！

商人必须能够预测人的潜在需求，这样才能提供商品，使潜在的需求得以普及扩展。这是理想的方式。因此人们必须对自己提出问题：什么是真实的社会目标？什么是人们向往的方向？

卡尔·奥古斯特·林格讷就是这样思考问题的企业家。他一直是我的榜样，他于1892年创立了第一个名牌商品——奥多尔漱口水。他那很有艺术性的广告不是造就一种虚假的需求，而是唤醒了一种潜在的、迄今为止没有被满足的需求。在那之前没有人觉得口臭会令人不舒服，歌德、席勒、莱辛和赫尔德都没有觉察到这个问题。但出了个林格讷，他认识到口臭其实是人们不喜欢的气味。他预测到这是一种潜在的需求。于是他将一种产品推向市场，这种产品不仅消除了口臭，还保持了口腔卫生，进而防止疾病。倘若无异味的呼吸不是人的一种潜在的需求的话，那他的成就就不会长久。他理解了这种需求，而且有能力对此提供一种产品。

林格讷关注于人。他很早就认识到，人对疾病的产生和传播知之甚少，因而肺结核、皮肤病和性病的发病率在大城市不断增长，令人担忧。因此格林讷将他财富的大部分投入了公益活动中，发展出一种"大众卫生教育"的形式。在他的积极努力下，1911年在德累斯顿举办了第一届国际卫生展，超过500万人参观了这个展览。1912年在德累斯顿成立了德国卫生博物馆。天天要刷牙和定期去牙医诊所检查牙齿在今天的欧洲是不言而喻的日常文明。德国居民平均每年支出16.20欧元用于牙齿和口腔清洁卫生，市场的总销售额为将近14亿欧元。这种市场在我祖父1870年开日化卫生保健品商店时还并不存在。

人要以这种方式把握时代的潮流。我们必须不断地保持这种发现和探索的精神——或用施泰讷的话来说：用对世界和对人的兴趣——来观察：我能在哪方面感受到人们的需求？

为了完善人的需求，我必须辨别我所找到的人的需求是哪一种需求：如果把人不是作为目的而只是作为手段，那将不是为人服务，而是为钱包服务。

或许席勒会提出这样的问题：我们要为肉欲本能服务还是为形式本能服务？肉欲本能是出自于人的肉体本性的感性的本能，而形式本能是稳定的，是源于人的精神内核的。问题不是要作出非此即彼的抉择，而是关系到它们的升华，通过升华达到人的更高的发展阶段。席勒将这两极之间相互调解、相互渗透、质量得到升华的过程称为游戏本能："人……只有当他游戏之时才是完整的人。"这里讲的游戏显然不是指孩童的游戏，他这里指的是自身还在发展着的理想的人的活动，这种理想的人学习着在两极之间进行调和，仿佛与这两极进行游戏。游戏是由双方相互渗透、扬弃升华组成的。

人若被当作有意识的人，他就会觉得自己有价值；他若被当作本能的人而加以利用，他就会感到羞耻，早晚他会觉察到两者的区别。歌德在《浮士德》的序言中有过这样的描述，梅菲斯特与上帝打赌，他将证明人是一种可怜的创造物，这时上帝允许魔鬼去导引着毫不知情的浮士德博士去做尝试：

那好吧，这事随你去做吧，
从源头上拔掉这个神灵的根，

你可以操纵他，引导他，
与你同行，一起堕落。

但歌德的上帝马上就强调，在他看来，恶魔的这种尝试会没有任何结果的：

你站在那里，为自己羞愧吧，因为你不得不承认：
一个善良的人，即使迷惘在黑色的欲望中，
也终会悟出一条正路。

大多数企业家认为，他们得呼唤顾客的这种暗藏的欲求。因此，他们的广告往往是低智商、空洞或性感的，这些广告不是在呼唤人的本性的一面。他们说："活该，顾客是国王，而我们是皇帝。"

真诚交往的艺术是，坚韧而谦逊地向目标奋斗，与顾客平等相待，才能持久做到将顾客当作我们奋斗的目标，而不是作为我们去获取的对象。

我们在dm分析研究顾客的需求时，正是注重于这种区别：这种需求仅仅是暗藏的欲望还是顾客自己明确的合理之路？我们希望以我们提供的商品来完善顾客的需求时，正是这样提出问题的。这意味着，我们要不断尝试将人作为他自己喜欢成为的那种人来对待，而不是停留在他呈现的表象中，由此我们去帮助他实现升华。

进步是不满足的产物。

——让-保罗·萨特

第四章　现实之梦
或 今天的乌托邦如何成为明天的现实

　　企业家是一个现实的梦想家，对他而言梦想就如现实。其他人认为这是一个不可企及的空中阁楼，而对企业家来说，这栋阁楼已经建好了，他已经真实地在里面转悠着了。只有能够想象到的事，我们才能够将其付诸行动，变为现实。倘若我们没有大的梦想，也就不会有大的成果。被现实束缚住的人和现实梦想家，也即创业的人，他们之间的区别在于，被现实束缚住的人将他的感受取代了他的想象，不能发现新的东西；而创业的人对世界敞开胸怀，不断地感受新的东西，从中得出新的见解。只有我们能够梦想的东西，我们才能对此加以思考；只有我们可以思考的东西，我们才可能对此产生愿望。而我们希冀的东西，我们便也能对其采取行动。

事情总是起源于一种理想。今天的理想是明天的现实，今天的现实是昨天的理想。能够自由自主前行曾经是一种理想，后来发明了汽车，我们今天有着庞大的交通工具。在柏林1881年有了第一本电话簿，记载着185个用户的电话号码，这个电话簿在大众口中被称为"傻瓜名册"，因为当时的人们认为，只有不正常的人才有电话。七年之后，柏林的电话总数比美国的任何一个城市都要多。

因而，我们也可以说，企业家就是不正常的人，他们是时代主流的"狂人"。但对这些实现自己想法的人来说，这一切再正常不过了。他们的行为是出于自己内心的见解，出于一种必要性，出于一种自己内在的需求。事后来看，我们可以解释一切，或许我们可以再回忆一下费希特的话："对已走过的道路清晰的认识产生于事后，由此而形成了自由艺术家。"

因此，肩负责任的领导人，他们的重要任务是要比其他人看得更远一些：什么是将会出现的问题？其发展会带来什么样的新的现实状况？如果从来就没有人提出过我们怎样才能成功地飞起来这样的问题，那么飞机的发明就永远不会实现。

正是在这种形式下，在这种社会意识中，发展出了在今天看来也不陈腐的认识：人不是产品的消费者，他实际是产品生产合同的提交者。他必须为他消费的方式、方法与生产者共同承担责任。

随着时间的流逝，这一认识的真理性越来越明晰了，今天逐渐发展形成了新的消费意识，即经济性、持久性、公平性、社会性。在20世纪80年代中期，我们还远离这些目标，但那时我遇到了一个人，不久我与他一起针对新的消费意识提供出了第一批商品。

当时我在旅途中，路过瑞士的城市多尔纳赫。我感冒初起，本想寻找一个药店买点药，及时做好预防准备。中午，我溜达着路过一栋房子，那里正在为"自由青年工作、艺术和社会有机体"讲坛提供各种各样的讲座。在大门口的宣传栏里我发现格茨·雷恩博士这几天正在这里举办一个讲座，题目有点神秘，叫作"社会有机体式的企业构造"。这位举办讲座的人我曾听说过。几个月前，在参加特利布·杜特韦勒尔学院的一个讲座时，我看到了格茨·雷恩的报告集，题目是"行为网格——现代领导工具和组织发展的方针？"。我拿了一本册子，因为他对机构组织面临的挑战有着相当准确的描述。

我进去打听讲座的举办人，他们让我来到这栋别墅过去的客厅，现在这个客厅是参加讲座人的餐厅。我见到了格茨·雷恩，他与一组人正坐在窗边的饭桌旁。我好奇地走向他，为了不耽误小组其他人的时间，我向他简短而直截了当地表示，我对他的工作很感兴趣，想多了解一些情况。

格茨·雷恩在大学学的是国民经济，后来在企业管理专业以组织发展为专题取得了博士学位，当时他正在雀巢公司工作。但他21岁时就开始研究人智学，本来想成立自己的公司。他对如何制定企业的基本准则、如何去领导组织、如何运用资产这些问题，都有着很明确的想法。但他对应该做什么还没有主意，他正在寻找一个公司。他对各种形式的公司构想都持开放的态度，如童装、食品或饭馆等——重要的是他想做点有意义的事。

我的愿望是，这位比我小6岁，而且知识丰富的人能够对我自己办企业的思想和实践提出感兴趣的问题和建议，作为回报，我或许能帮助他，实现他自主办公司的想法。很快我就意识到，再找第三者来加入我们的精神交流是一个好主意：沃尔夫冈·古特贝尔勒特，他是来自福尔达地区的食品连锁店特古特的领导。我和他以前就认识，我们都是哥德尔费采购组织的会员。我们俩同岁，我们的孩子年龄也都差不多，都在华德福学校上学。他也在研究人智学，正在读施泰讷的书《社会问题的核心》，两个人有这么多的共同点，就很容易成为朋友。

这样，我将我们三个人召集到了一起。这之后，我们大概一年聚集三四次，一起集中精力交流对社会有机组织问题的看法。当然，我们的谈话也一直没有忘记格茨·雷恩自己适合办一个什么样的公司这个问题。过了不久，各种初步的设想具体化了：目标是建立一个有机食品部门，甚至是一个有机食品连锁超市。

有机——纯粹的痴人说梦？

"有机"这个想法当时在社会上还根本没有相应的成熟的市场，尽管今天听起来平平常常，当时却被看成是绝对的痴人说梦。赞同格茨·雷恩的这种想法的人很少。除了他的母亲、沃尔夫冈·古特贝尔勒特和我之外，其他的朋友、亲戚和熟人都认为有机食品超市是个歪主意，不会成功，白浪费时间。后来有一次他对一个记者说，他因此而深深地表示感谢:"还有那么些人没把我当成疯子。"

我们在此应该搞清一点,在20世纪80年代初期,真正的有机产品非常稀少。尽管已经有一些小小的有机商品商店散落在各处,如名字叫"蝗虫"或"大麦粒"等的商店,但里面卖的仅仅是麦片之类的食品,还根本不是百分之百的有机产品。当时在法律上对"有机"还没有明文规范,只有些农户和食品生产商自己商定出来的、由德麦特尔或有机田这样的组织一起制定的规则。到了1992年,才有了第一个如何标识有机或生态的法律规定——众所周知,今天对这些标识还有争议。

20世纪80年代初,有机概念还没有法律条文的约束,是个随心所欲的生长物。人们将一般的茶叶随便分装在纸袋子里标识为生态茶卖,或将一般的粮食简单加以混合,声明是有机食品。而主要问题是,有机产品少之又少,还根本装不满一个商店。我们清楚地认识到,无论如何必须要保证"有机"的质量,才不会一开始就失去顾客的信任。我们提出的第一个问题是:从哪里得到有机产品,以便能在商店里出售?

答案很简单,但实践过程很不容易:首先得发展出有机产品,然后寻找农户和公司,他们按照规定生产出产品,如茶叶、果汁、麦片、面粉、蜂蜜、果酱等等。开始阶段生产的是干货,那时还没有专卖店,我们可以将产品放在dm和特古特店里试着出售。与特古特食品店的合作,商品类别相近;与dm的合作也并不离谱,不像有的人想象的,日化卫生保健品商店只卖牙膏之类的商品。传统的日化卫生保健品商店也出售特殊营养食品。我在学习培训期间也在改良食品店实习过。

有机食品的种类一步一步地增加扩大,目标一直是明确的,即有朝一日,格茨·雷恩成立他自己的公司,也就是说开一家有机商品连锁超市。1984年雷恩辞去了雀巢公司的工作,成立了他自己的公司,名为"雷恩博士自然食品开发与销售公司",1985年公司改名为"阿尔那图拉生产和贸易有限公司"。其出售的食品不仅加工采用了自然方式,其来源也是完全出自于用有机方式生产的农户。因而阿尔那图拉的口号是"有益于人类,有益于自然"。有益于人类,因为食品用自然生产加工方法,对健康有益;有益于自然,因为生产过程不使用杀虫剂和有毒农药,不会侵蚀和损害土地。

发展道路漫长,但我们坚守"坚持不懈努力、谦虚以待成功"这个口号奋力前行。开始时,阿尔那图拉在dm的商品种类很少,仅仅填充了一个货架,甚至不到一个货架。新鲜食品种类在特古特店出售,就是在那里也需要经历时间的磨炼。我们并没有看错,发展的趋势终于来了。当阿尔那图拉公司除了自己的品牌产品外,也有了其他足够的商品时,1987年,第一家阿尔那图拉商店在曼海姆开张了。然而不像第一批dm商店开张时那样财源滚滚,相反,阿尔那图拉商店开始时的经营状况根本不见好,顾客们购货量很少,充满疑虑,他们不知道是否能信任产品。

这种情况持续了几年,维持这个商店需要有极大的持之以恒的精神。格茨·雷恩坚持住了,其原因或许受益于他对dm员工的培训。他一开始就为dm的员工办了为期两到三天的学习班,使员工了解并喜欢阿尔那图拉的产品。

越来越多的dm员工以极高的热情努力支持阿尔那图拉的产品。格茨·雷恩也不断得到积极的反馈，只要顾客对他的产品有足够的了解，就会对他的所作所为作出肯定。他必须创造环境，让顾客能够亲身尝试产品，自己作出判断。不断有人劝他退却回头，而我鼓励他毫不妥协地坚持下去。他是有机商品领域的开路先锋。人们嘲笑我们，奥地利dm的同事也取笑我们是"谷物吃货"。而如今他们自己也为所卖的有机商品感到骄傲。

dm品牌——一个成功的故事

回头展望，我们必须承认这样的看法，格茨·雷恩作出了巨大的贡献——他的成果无与伦比。在世界范围内，没有哪家有机产品贸易企业像他那样获得如此成就，或接近他的成就。目前有超过80家阿尔那图拉商店，大多分布在德国南部，在汉堡和柏林也有商店。其供应的商品种类在过去的25年里有了巨大的改变。开始时，阿尔那图拉商店还有一个供应自然纺织品的大部门，以及玩具和其他非食品类产品（也必须提供），而现在，阿尔那图拉商店的重点集中在供应有机食品上。阿尔那图拉今天供应的有机产品，人们在30年前做梦都不敢想：比如有机夏威夷坚果酱，或带有苹果果冻馅的多米诺小方块甜点。

阿尔那图拉的产品在dm也有着非常重要的地位，它现在已成了dm的第三大合作伙伴，成为dm的重要核心产品：有的顾客之所以来我们这里，是因为可以买到阿尔那图拉的产品。

这一时期，还产生了一个新的趋势，贸易企业将自己创立的所谓的品牌推向市场，即产品的商标不属于工业行业，而是属于销售行业自己的品牌。这一次又是阿尔迪当了先锋，从此所有的销售商开始发展他们自己的产品品牌。但大多品牌还属于附属的品牌，即推销廉价的无名产品。这种趋势在20世纪70年代从美国开始发展，80年代蔓延到德国，我们在dm也讨论了这个问题，是否应该跟随这股潮流，如何把握这个时机。

为什么非要有自己的产品的品牌？从dm角度看，很容易回答这个问题：我们的产品品种是普遍存在的，就是说四处都可以买到。也就是说，即使人们从来不进dm的商店门，也能活得很文明，也可以在别处买到牙膏。要让人们自觉地来dm购物，那么就得有只有在dm才能买到的产品品牌，只有自主的品牌才能满足这种要求。

dm是以平价超市起家的，我们的口号之一就是廉价——大品牌，低价格。因此，在日化卫生保健品商品范围抓住无名产品推销，非常接近这种理念。但另一方面，我们有面对顾客的基本准则，即希望能完善提升顾客的需求。经过长时间的讨论得出结论，我们出售"有质量的品牌"，即高质量产品。同等质量的产品别家没有；或是著名品牌的厂家有同样高质量的产品，但我们的价格要低得多。我们不但想满足顾客追求价廉物美的产品需求，我们也想证明我们的日化卫生保健品产品的实力。

格茨·雷恩已经全力思考过建立品牌有机产品的问题，他可以在这方面给予我们很好的咨询。所以我们在这一领域又一次很早就有了主意，小心探路前行，并随着时间的推移使设想不断变为现实。

　　我们很快清醒地认识到，每一个商品种类需要一个专门的品牌。最早我们创立的品牌是同想牌洗涤清洁用品。当时我和米歇尔·科罗德齐以及赖讷·克勒特恩开车穿越比利时，寻找有保护环境意识的制皂厂，后者能为我们生产出生态型的洗涤、清洁卫生用品。

　　后来我们在1989年创立了品牌"阿尔薇尔德"自然美容护肤产品，推向市场后取得了成功，其成分质量高，是百分之百的自然护肤产品，得到了中立消费者杂志如《生态测试》《商品测试基金会》的好评，部分产品还得到了最高分。产品原材料主要来自经过检测的有机种植基地，不含矿物油类，不含纯粹人造的香料、色素和保鲜剂。阿尔薇尔德产品没有使用动物做过实验，多数产品盖有"植物"印章，不含任何动物性成分。消费者看中了产品的这些优点，根据消费研究协会（GfK）的统计，阿尔薇尔德自然护肤品是德国当今卖得最多的经过认证的自然美容护肤产品。

　　我们以这种高要求继续发展，创造出"阿尔阿娜"婴儿服装品牌，其成分来自经过检测的有机农田的棉花，经久耐磨，透气性能好，自2009年以后甚至打上了"高茨"（GOTS）印章，这印章保证产品有最好的生态质量，有害成分最少并且是遵循社会和公平原则生产出来的。

　　目前我们dm产品范围涉及23个品牌，包括约2700多种产品，几乎囊括了所有商品种类：洁身保养、美容护肤、卫生用品、保健用品、居家用品、婴儿用品、纺织品、照相用品、宠物用品等。我们目前大约五分之一的销售额是出自我们自己的品牌。差不多百分之百的厨房用纸是我们自己的品牌，大约90%的卫生纸是我们的品牌。有10种不同品牌的dm产品属于德国同类产品中卖得最好的。正如我们的防晒霜销售量无人能及，我们出售的婴儿尿布除了帮宝适以外也无人超越。

如果事情真的发展到这一步，那是我们共同的任务

与格茨·雷恩的相遇也给我的私人生活带来了后果。当然这之前我的生活有着一段长长的故事。当我们将两个孩子终于拉扯大了，他们分别9岁和10岁时，我和芭芭拉作出了决定："真好！我们再要个孩子！"就这样，1982年，我们的第三个孩子——女儿贝蒂娜出生了。

第三个孩子的出生令我们无比喜悦，但也给我们带来了诸多的问题。芭芭拉在怀孕期间不像前两次那么顺利，她得了抑郁症，而且生完孩子后病情越发严重，她病得不轻。很长时间之后，我们才真正明白"躁郁症"的诊断结论意味着什么。

当时对这种病的研究还处于初级阶段，谁要是得了狂躁—忧郁症，就会被社会隔离。医生没有什么治疗方法，直到今天对这种精神病症状的缘由和起因几乎提供不出确切的结论。现实情况是，我们迄今为止非常和睦的家庭生活受到了致命的打击。

以前芭芭拉总是性格开朗，人不复杂，非常喜欢交际，坦诚对人。我们俩彼此能够很好地理解对方，在一起时常常笑声不断，我们一起享受着带孩子的乐趣。我总是喜欢待在家中，除了家庭和花园我不需要其他什么业余爱好，因为再也没有什么能够像我们这个舒适的家一样给我带来如此多的幸福感。然而这一切被芭芭拉的病打破了。

忧郁症再加上狂躁症，接下来是无数次的住院治疗，直到芭芭拉2006年自杀，她一直没能脱离药物治疗。幸运的是，在这样的情况下，她还能与我和孩子保持联系。然而，那段时间她的病也带来了各种指责，首先发难的便是我的岳父岳母，他们对我一直持有非常不信任的态度，现在他们将一切恶果都归咎于我，是我造成了这一切不幸。在这段时间，海尔姆特·吉·滕·西特豪夫也成了我的一个重要的私人朋友，他开导我，虽然我不能左右事态发展的结局，但我要相信，事情会自然而然地有其结果。芭芭拉的情绪起伏多变，最终她提出了离婚。

我实在难以接受家庭破裂这个事实，我自己就是在一个婚姻破裂的家庭中长大的，我本来想让我的孩子不要重复我的经历。我竭尽全力，作了一切尝试，花了很长时间陪伴我的夫人和孩子、寻找对话的机会、去请教医生，等等。然而最终我还是没能阻止失败。终于有一天，我感觉到，我不能允许自己让芭芭拉再继续处于我和她父母之间这种撕裂的状态中了，我成全了她，离开了这个家。孩子留给了她，这本身就是冒险，因为芭芭拉的病反复发作，我不敢肯定她还能照顾孩子多久。

三个孩子柯内莉亚、克里斯多夫和小小的贝蒂娜当然也受到了创伤。幸而我能妥善安排，一个星期中总有人待在孩子身边，防止芭芭拉的狂躁症发作时孩子无人照顾。无论公司有什么事，我每天中午都回家吃饭，了解孩子和芭芭拉的情况，周末我同样坚持待在家里。

芭芭拉必须经常住院治疗。每当她住院时，我来照顾孩子。两个大孩子那时12岁和13岁，他们照顾小妹妹的情景令人感动。我记得有一次，我母亲冲着老大柯内莉亚说："柯内莉亚，不要总是对贝蒂娜那么严厉！"柯内莉亚回答说："是的，奶奶，你知道，妈妈不能照顾她了，爸爸听妈妈的摆布，那就得我来教育妹妹了。"这句话非常可爱，但听起来让人心酸。当柯内莉亚16岁时，我把她送到加拿大待了半年，让她远离家里的一切烦恼的事情，享受自由自在的青少年时代。

这一时期我结识了格茨·雷恩的妹妹贝阿缇丝。她是一位漂亮、聪明、充满自信的女人。她的独立性、敏感性，以及她对艺术和音乐细腻的感受给我留下了深刻的印象。她当时是戏剧教师，与华德福学校的学生一起排练一出戏。在坐满观众的大厅里，她登台报幕，热情地向大家介绍剧情，也许再也没有人能像她那样用词细腻委婉、措辞激励人心了。我那时40出头，她30多岁，尽管她比我年轻将近10岁，但我们无论在过去还是现在都是平等的对话伙伴。更难得的是，和她在一起，我才能探索到人智学的更深层次，才能体会它的丰富性，也才真正能将它当作我的认识源泉。

我第一次见到她时，那还是在20世纪80年代初。在一次活动会上，她陪同她哥哥一起出席。而我们之间彼此比较深入地了解对方，是几年后的事。1985年圣诞节时，我送给了她一本画家卡尔·施皮茨韦格作品展的目录册和两张入场券。这个在慕尼黑艺术之家举办的画展在全德国范围内引起了广泛的瞩目。我写道,她肯定认识一位好朋友,可以陪伴她一起去参观。1月,她来找我,友好地问我是否愿意当这个好朋友。这样,2月的一个周末,我们一起去了慕尼黑。在古典画廊里,当我们站在丢勒《四个使徒》画前观摩时,我们发现,我们已如此心心相映。

无论我如何地着迷于她,如何深切地感受到对她的爱,但我当时整个的生活处境让我不敢举步前行。我不能忘掉烦恼和她携手走向幸福的彼岸。我不得不警告她说:"你知道,我有三个孩子,他们现在与他们的母亲共同生活。但我不知道,这种情况会持续多久。很可能有一天得我来照顾他们。"而贝阿缇丝的回答很平静,她是经过深思熟虑的,她说:"如果事情真的发展到这一步,那抚养孩子就该是我们共同的任务。"

几个月之后,事情真的发展到了这一步。芭芭拉突然又得长期住院治疗,三个孩子站在我和贝阿缇丝刚刚找到的小小的住宅门前,这样我们凑成了一个五口之家。在之后的几年里,又添了我和她的四个孩子:米夏艾娜、约翰娜、索尼娅和马蒂亚斯。贝阿缇丝对七个孩子一视同仁,把他们都当作自己的孩子,用同等的爱心去照料他们。对此,我对我的命运深怀感激:它让我能体验与贝阿缇丝美满的爱情生活,让我能够为这样一个多彩和谐的大家庭感到喜悦。

> 我们不能用引发出问题的思维模式来解决世界的问题。
>
> ——艾尔伯特·爱因斯坦

第五章　团结互助
或 一个"短时工"如何搅乱了dm的局面

一个冬日的傍晚,天色昏暗,但时间还不到晚上六点半,也就是说还不到商店关门的时间。我开车回家,路过法尔茨森林区一带。当时我还坚守着一个原则:路过营业着的dm商店时,绝不能过门不入。当时,街上的车辆稀少,我决定加快速度,绕路去看一下位于皮尔马森斯的分店。城里一片寂静,路上空旷无人。我开足马力赶到店里。在店里,我见到了一位dm店员,我走过去问候她:"晚上好,我是维尔纳先生。"她不认识我,但友好地回答我说:"晚上好!我可不知道。我是否能帮助您?"为了缓和气氛,我提出了几个简单的问题:"您在这里工作多长时间了?""您的工作任务是什么?""顾客对我们供应的商品满意吗？"这些问题平平常常，完全没有别的意思，但这位拘谨的店员突然让我去找分店领导，并十分谦虚地表示："我只是个短时工。"

这一刻我恍然大悟。我突然意识到："这里的情形完全不对劲！"有人走进了我们投入巨资的商店里来工作，而这位对我们公司和对顾客来说都很重要的店员，这时却用纳税表上无用的术语来描述自己的身份。她其实完全可以放松地回答我的所有问题，但她却不敢。她脑子里想着的是，上面有领导，高层领导下面是地区领导，再下来是分店领导，所有这些人都很重要，重要，重要。不知什么时候轮到了我，而我只是个短时工。

在返回卡尔斯鲁厄的路上，我脑子里在想：雇用短时工的理由很多，比如有人想在家照顾孩子，有人要护理亲人，所以只想一周工作几个小时。但税卡上的等级表述并不能决定一个员工的重要性！这件事我们从根本上就做得不对，这是不容辩解的。但是如何做才是正确的呢？

对事情琢磨的时间越长，我越清晰地认识到，我们必须将我们的思考体系倒过来：员工在与顾客交流时，这一刻员工是最重要的，从这个角度来看，其他人都应是排在其后的服务人员。我这时恍然大悟：我们对企业的理解不应该是自上而下的，而必须是从外向内的。员工必须清楚地意识到，他们每一个人都很重要，就是一周仅仅工作几个小时的员工也是同样重要。

但有一些经理却不这样去思考问题。他们害怕会引起后果，怕雇员会向他们讨要更高的工资，就像动物那样，站立起来乞讨食物。员工或许会自信地说："我是这里最重要的人，因为我与顾客交流，而你这个当领导的，只是排在后面的服务人员！因此我该挣更多的钱！"因为经理不知道该怎么去回答这些问题，于是他就不去想这些问题，否则他就得去对整个世界的现象提问。

之所以如此，是因为他将两种不相干的东西联系在了一起，他将工作本身和收入联系在一起，又将收入和尊重联系在一起。这种想法就很荒唐：我们雇用员工在dm工作，是因为我们迫切地需要他们。因为我们急需用人，所以他们在我们这里工作，而我们关心他们，他们每个月得到稳定的收入，即我们付得起的工资。要是现在所有的短时工的工资提高三倍的话，那我们三周之后就会破产。工资的水平是由市场决定的，但不能因为某人工作的时数少，相应得到的报酬少，就对他加以歧视和不尊重。

清晨，当每个人醒来时，他至少有两个理由为他今天躺在床上不起来而开脱。我们必须给出第三个理由，使他说："我要起床，别人需要我，有事非我做不可。"如果我们不善待他，他醒来后会对自己说："在公司反正我只是大机器上的一个小小的齿轮，我今天也可以赖在床上不起来。"社会团体的任务是使每一个团体中的成员——在企业中叫作每一个员工——感受到自己存在的意义，他或她会这样对自己说："如果我今天不起床，不但我的同事们会失望，而且那些只能是我能够做的工作就会被耽误。"

最佳答案？三个反问！

关键词叫作"尊重"。遗憾的是在我们当今社会鄙视多于尊重。每一个企业家、每一个经理应该将这个公式以大写的形式记在笔记本上：一种工作固有的价值越低，从事这种工作的人的价值就应该越高。

如果有人认为，他是唯一把握全局的人，离了他天就会塌下来了，那么我们可以把这样的人称为白痴。但尽管如此他还得去做他的工作。而谁要是做一份其他人都能做的工作，那么我们就要经常提醒他说，他做的这份工作是有益的，有价值的。每一个家庭里可能都有这样的经历：每年一次在装饰漂亮的圣诞树时，家里每个人都想帮忙。但每天晚上倒垃圾，却没人报名说"我去"。因此，更为重要的是，我们要让人们理解，工作可以有不同的价值：一种是人在工作中能够了解和发展自己的自我价值，另一种是社会价值。

此时，我不能将我个人的这一小小的认知像圣物一般地举着，在公司里按照它来发号施令，规定出另一套价值体系。这样做很荒唐，也不会有好结果。如果人们的思维方式改变了，虽然干的事没有变，但人们的视野就会不同，做事的方式也会不同。由此，我不仅开始用新的认识来改变自己的做法，我还同时去尝试让其他人也了解我的想法，我让他们也像我一样去思考这些问题。我开始提出问题——给自己提，也给别人提。

在皮尔马森斯的关键性的经历改变了我对世界的看法。除此之外，在这一时期，还有另一个也可以称得上关键性的认识让我感到了问题的紧迫性：我过去的日子跟今天一样，也跟每一个人的每一天一样，都是由24个小时组成。但现在分店越开越多，职工数量也越来越多。因为员工们习惯了向我这个维尔纳先生提出这样或那样的问题，所以对我的提问也就越来越多了。

我当然非常自豪能够很快地回答所有的问题。我的生活的格言至始至终是"承担责任就是能解答问题"。但现在问题越来越多，我突然感觉到了自己在时间和精力上的不足。

当时还没有手机——感谢上帝！——否则我会更长时间地采用这种老方法。那时，我每次一到一家分店，总会有一个电话号码清单等着我，我得马上一一回复电话。开始时，这让我感到自己很了不起，刚从500系列的奔驰车下来，踏入店门，店长就马上告诉我："维尔纳先生，刚才有一、二、三、四、五个人打来电话，您得给他们一一回个电话！"这让我感到自己举足轻重，而且这也很诱人，让人感到自己无所不知。要是我到了分店，没人等着我回复电话，那该是多么不幸。夸张点说，我会感到害怕，害怕自己成了一个无用之人。

在人智学的启发下，我此时开始仔细地观察，人在什么时候问我问题。我观察到，大多数人在提出问题之前实际上已经有了答案，或至少对答案有了一种想法。如果没有答案，他们不会提问——也许是担心别人觉得自己愚蠢。把答案藏在脑后来提问题是有其他原因的：他们或想与人交流；或不愿承担责任；或得不到答案的话工作无法继续；或者他们想让被问的人感到他们很重要。他们提问，却不是为了得到答案。

这种提问的行为方式从历史的角度来看，是来自于手工行业。师傅比其他人知道得更多，也比其他人做得更好。在过去确实是这样的，在我们企业规模不大的时候，也是这样的。我当然比别人知道得多，干得更好，指令是由师傅发出的。但现在我们公司发展壮大了。在大公司里，像我们今天这样的专业分工，任何人不再可能知道一切。各地分店的员工必须知道自己该干什么，大多情况下，他们也知道。一般来说，比公司管理中心的领导知道得更清楚。然而这里却是经验（过去是领导给出答案，现在和将来也应如此）取代了确切性（实际上他们已有了一个正确的答案）。

于是我作出决定，我要纠正人们提问题的这种习惯。我经常向人推荐我的对策：每当有人问我问题时，我就提出反问，而且不止一个反问，而是同时提三个反问——其中尽量有一个问题让人不容易马上回答。当有人问："维尔纳先生，这件事和那件事该怎么做？"我不再像以前那样条件反射般地回答该怎么做，我现在回答道："你对这件事作过调查研究了吗？这里或许还会有另一个问题。此外，我听说，某处有一个公司，您可以去那里看看人家是怎么做的。"

新的领导逻辑：从发布命令者变为引导者

形成这种新的领导方法的原因背景显而易见：每当我作为领导给出一个回答时，员工总会说："一切都清楚了,维尔纳先生这样说了,我就得这样做。"我用这种方法让别人变傻了。这就像人使用导航器,你要是开车时一直使用导航器,那么你最终会对每一个城市都不熟悉。你开车时只知道听取指令,"圆转盘的第二个出口向右转","前方100米向左转"。

反之,当我向员工提出问题时,他觉察到:"噢,现在我得自己去思考这个问题。"问题激发人的动力,为了找到答案,他现在对事情就得有自己的看法。

这个新方法获得了难以置信的成果。一旦有人向我提问题,我总会给出三个新问题。大家马上明白了:"要是我知道问题的答案,还去找维尔纳先生的话,他就会对我的问题刨根问底。"这种本能的反问的方法非常有成效。突然间,如果没有大事的话,没人再来找我提出问题。大家现在都有了自己的答案,这答案是他们本来就知道的,而自己找出来的答案,自己就得对其负责任。

因此,我建议所有的企业领导,每天努力去做到让你们的雇员尽可能地少想到你们,尽可能地多地想到顾客。雇员们应该学着自己主动去认识了解顾客的需求,他们越能做到这一点,企业才更有自主性。

这是dm的一个重要转折。这种领导方法不仅涉及我本人,也涉及领导我们不断增长的分店的整个领导逻辑方式。如何去领导上千个分店?只有20个分店时,我还可以把握全局;开一辆跑得快的汽车或许能掌握50个分店;用手机和火箭甚至可达到75个分店。但迟早分店增长的数量会终结这些可能性。分店开得越多,你就越顾不过来,到头来整个企业就会变得难以领导和掌控。

在这个时期,我个人的经验也印证了这一点。那时海尔姆特·吉·滕·西特豪夫并没有给我现成的完整的组织机构手册,而只是给我简单地提出了几个中心问题。因为我必须自己找到问题的答案,因此我研究了一些概念,由此我得到了一个新的术语。认识来源于感知和概念相互配合:感知来自于外在,而概念来自于我的生活经验,我将感知和概念结合起来,就产生了认识。于是我认识到了:一个这么大的公司得使用概念来领导它。

如果你被称为发布命令者,那你会使用指令来领导公司,雇员们就会像是木偶一样由你指挥。但我们的企业文化不需要木偶,我们需要的是在具体工作岗位上自己作出决定的员工。只有他们站在第一线与顾客打交道,该为顾客做什么他们要比其他人知道得更清楚。简言之,发布指令者是一个错误的概念。

今天以及未来的领导者,都应是那些提出正确的和有意义的问题的人,而不是那些给出好答案的人。在过去,好的答案是关键;而当今,提出有意义的问题才是关键。谁向我们提出了使我们能辨别方向的问题,提出了展示未来的问题?谁能提出问题,那么他就是领导人。一个答案,尤其是出自领导之口的答案能够使一切都明白无误。但相反,一个提问却能开启人们的思考意识,人们会就此开始去寻找答案。人们会独自或者合伙去追问:"我们现在有这样和那样的问题需要解决,我们如何才能接近答案呢?"然后人们去使问题形象化,去收集各种信息。人们还必须会问自己,问题是否真有那么至关重要?问题对我来说重要吗?如此而唤起了热情。如果某人对问题没有热情，那么用问题来给他增加负担也就毫无意义。那还不如让他去做他能够胜任的工作。在新的思维方式下，领导不再是"指令的发布者"，而是"引导者"，他唤起了某种东西，也引导出了某种东西。

我们要使遇到问题的人成为参与问题的人，这就是互助的原则。让被问者变成参与者，我们越是成功地做到这一点，企业就越有生命力，就越有自主性。

随着时间的推移，所有的dm发行物里都写明了这一主题思想：当事人最能看清他的任务，最能认清当前的迫切任务。企业里越多的人能以自己的认识来确定什么是迫切的任务，企业就越有活力。

这个新思想是我由在皮尔马森斯分店与一位短时工短暂相遇而得出的结果。在这里请不要有所误解，我并没有在那天开车回去后就看清了问题所在，第二天就在会上给员工介绍了企业新文化。整个发展过程经历了数年，一步一步，一个阶段一个阶段，或许直到今天这条路还没有走完。但无论是对我，还是对dm企业，这关键的一步是发生在20世纪70年代末的皮尔马森斯。而这也并不是唯一的改变企业文化的新思想。

谦卑的学校

发展不是时间长河中一个不可逆转、不间断的过程。这是现代发展心理学中的一个标准句型，它组合了两种认识：第一，人不是在持续不断地学习，而总是阵发性地学习。学习可能长久，也可能很快结束。学习还可能是突发式的，就像东德和西德统一那样，没人预料到，突然之间我们身处统一。

第二，人不可能让一种发展步伐再倒退回去。谁要是学会了跑步、游泳或骑自行车，他一辈子也就掌握了这些技能，不可能忘记。有可能生疏于实践，但他总是知道该如何运用这些技能。

谦卑的学校给我上了一课。我说不准，是在什么时候，我迈出了决定性的去学习的一步。总之有一天，我得出了一个重要的看法，它从根本上改变了我发展企业的行为。

大多数企业家认为，就像开汽车或轮船一样，我们是可以控制企业发展的，一切都在我们的掌控之中。开始时，我在dm也相信，我能掌控它的发展过程。我想让所有的分店工作的步调一致，获得同样的成果。然而，要做到这一点，得使用一些有点残忍的手段，就像普罗克鲁斯特之床。古希腊神话传说中的恶魔普罗克鲁斯特在山崖间开了家野店，他将每一个过路人抓住放在他的床上，如果徒步的路人是个大高个，他就砍掉他长于床的腿；如果是个矮子，他就将其四肢拽得与床等长。许多企业使用这种方法，目的是强迫雇员符合一种本来不合适的框架。开始时，我们在dm也考虑制定能将每个人都契合进去的模式结构，以便能掌控一切直至细节。

但现在，在我重新思考这一切的反思阶段里，我学着放弃对绝对性的要求。我们不再要求各个分店外形装饰统一，我们的想法是：顾客看到的反正只是一个商店。我们放弃了军队式的思维，放弃了统一的工作服装，不追求步调一致。简言之，我们彻底放弃了哈尔茨堡模式。

在今天，我会说，我们只要开始与生命之物打交道就必然如此。我们只能间接而不能直接地影响生命之物的发展——如一棵植物、一个动物、一个人或一种社会有机体。否则就像是人给他的孩子系上脖链牵着走一样，孩子在这种条件下无法再成长。我们只能给发展的可能性创造环境和条件，使发展成为可能。而什么时候发展，如何发展以及发展的方向是什么，我们不得而知。我们必须承担这个风险。

许多当领导的人觉得，让干什么就去干什么的员工让人感到惬意：如果说"向左看"，那就向左看；如果说"向右看"，那就向右看；如果说"立正"，那他们就将双手伸直紧贴裤缝。从某种程度上来说，这样做雇员也觉得安逸。如果亲爱的上帝是我的领导，那一切将会运转得完美无缺，那我们就不必操什么心。然而我们是与人在打交道，他像我们一样也会犯错误，这就很快带来了问题。迟早我们学会看问题：别人有着不同的观点，甚至更佳的主意，我们应该一起讨论，找出解决问题的最佳办法。

我有一位老熟人，她是人力资源咨询师。有一天她来找我，请求我说："维尔纳先生，我知道外面来的人您不会雇用，但我手头有一份求职书，此人在丽得公司事业有成，目前在英国。现在他儿子到了上学的年龄，他想返回德国，他希望能在dm公司工作。这是一个非常能干的人。"我很信任这位咨询师，就请这位先生来应聘谈话。他给人印象果真不错，我就给了他机会："您先接管一个区域的销售部门干干，然后再看我们能否长期合作。"当然一切按照常规办理了手续。

不久，我听说他辞职了。我马上给他打了电话，询问原因。他向我道歉说："维尔纳先生，这事让我也觉得为难。但我得实话告诉您，在丽得公司，只要我踏进商店告诉大家做什么，他们就会准确地按照我的布置去做。而在这里，我总得先和分店店长讨论来讨论去。同样，我想做的事，他们总是让我先谈谈理由，要仔细解释，否则没人会去做。我很后悔，况且长期这样下去我受不了。"他又重新返回丽得公司工作了。

从后往前取代自上而下

通过这类事例我认识到，建立在信任基础上的领导方式执行起来有时候对领导比对雇员更难。原因可能在于领导头脑中对企业的认识不对头，他们把企业当成了一个等级体系。如果要求一位经理描绘一下他的企业，95%的人会在纸上画出一个金字塔。我还从来没有在一个公司里见过这样金字塔状的结构，这种东西不可能看见的，它存在于人的思想中。因为等级体系是一种思想，就像理想经济人一样，也从未有人见过。

一个企业不是一个等级体系，而是一个运作过程。人们睁大眼睛观察一个企业，总能看到有一个货车的入口，即输入。接下来人们会看到员工，他们在努力工作。运进来的东西在这里奇迹般地发生了变化；或许还有第二个加工阶段，同样是勤奋的员工，使加工的东西又产生了变化。最终，运出来了成品，叫作输出。这不是一个至上而下的过程，而是从后向前的运行。这是一个过程，而不是等级系统。

这就意味着，我们必须学着将等级体系的思维转变成过程思维。等级意识让员工的目光总是从下往上看，他在考虑：领导是什么意图？我应该如何去做？我该如何做得让领导满意？

而过程意识让员工的目光从前往后、从后往前看。员工会思考，我得到的是什么样的成品，我如何对此加工，使其接下来能在这个过程链条上对下一个顾客有所帮助。水平视野取代了垂直视野，这种方式使员工有了顾客意识。他的标尺不再是领导而是顾客：我怎样才能达到去感知顾客需求？怎样才能对此找到一个令人惊喜的答案？

但许多企业通常是过于庞大，单个员工根本接触不到顾客，员工会这样想。但实情并不是这样。因为他的同事总归不是客户就是供货商。我们生活在一个劳动分工的世界里，经济意思为"为双方的利益而劳作"。总是有人，我在为他工作，我必须着眼于他。这就符合这条格言："我的男同事，是我最好的顾客；我的女同事，是我最好的供货商。"

员工偏离了顾客，这时他两眼向上看着领导：这位是给我奖金的人；这位是对我的晋升申请有表决权的人；这位是推荐我晋升的人；这位是能提携我的人。

这样的企业生命力不会长久。我确信，每一种采用刺激鼓励手段的领导方法都会失败。瑞士的经济学家布鲁诺·斯·弗赖曾做过一项研究，他对人得到的钱越多就工作得越多越好这种顽固的偏见做出了反驳。他得出的结论是，当钱作为刺激的手段，就排挤了工作的实质性的动力，会取得适得其反的效果。例如，标准普尔500指数公司的经理们的收入与企业职工的平均收入相比，在过去的40年里，有着巨大的涨幅。在1970年，一位经理的收入还只是雇员们平均收入的40倍；而到了2010年，这种差异达到了325倍。在同一时期内，企业的业绩却变化不大。

弗赖列举了两点理由来反驳奖金津贴方法：首先，在我们今天这样飞速变化的经济世界里，几乎不可能精准地列出取得成果的因素，而更不可能预测未来。没有人可以有把握地预言，在未来采取什么样的措施能取得经济成果。而奖金津贴合同却是以这种预测为前提的。

其次，从常规来看，大多数人对奖金津贴的标准条件并不认同，这些标准常常是领导盲目制定出来的。因此——这里要说的这一点很重要——他们投入大量的时间和精力来使这些标准对自己有利。或者说，他们的精力只集中在工作能得到奖励的一面；而工作的另一面，甚至重要的一面却被忽视了。更糟糕的是，他们仅仅完成奖金合同中规定的任务，而不再拓宽视野去寻求对工作任务有创造性的答案。

显而易见，奖金制使人看不清工作的本质，因而阻碍了成就。如果人在工作中自身异化，不再明白他对工作的贡献是什么，那他就缺少了努力工作的动力和动机。人要是在工作中只是盯着月底的工资单或仅仅在算计着奖金，那他对工作就不会那么尽力，而只想尽快完事，其质量能达到领钱的标准即可。

与之相反，许多心理学的研究和测试证明：人要是知道为什么工作以及工作的目的，他就有动力和能力去取得真正的成果。他越是确信自己工作的意义，他就越有献身精神。有时甚至会出现惊人的最高成就，远远超出他平常的能力。原因很简单，因为特定的工作处境真正需要他的贡献。研究表明，比起考虑他的工资，人们会更多考虑到他周边其他人的福利。

简言之：意义大于金钱！集体重于报酬。对我而言，令我完全确信无疑的是：经济意为为双方的利益而劳作；劳动结果是个人对集体成果的贡献。而对此应该给予人的是尊重。人们需要钱不是作为对其所付出的劳动的报酬，而是为了生活。工作劳动的目的是，人在工作中发展自身、超越自身。

因此，我们选雇员必须要看他是否真正愿意做他必须做的工作。我们必须与工作紧紧联系在一起，才能做好工作。而我们也必须愿意把工作跟我们紧紧联系在一起。我们付钱给员工并不是因为他们完成了工作，而是为了让他们能够完成工作。

从知道如何到知道为何的问题

我听过巴塞尔物理学教授马克斯·蒂尔考夫作的一个报告，其内容本来是关于环境问题。但与这个问题相关联，他提出来，我们的社会更多的是在从事"知道—如何—问题"，而实际上"知道—为何—问题"更为重要。"知道—为何—问题"，即我们为什么做这件事，为什么目的而做这件事？在领导层应提出的所有问题中，这个问题恐怕是最为重要。

"知道—为何"比"知道—如何"更重要。企业的谈话都围绕着"你的预算是多少?""为什么你的预算没有完成?"如此等等,这些都是"知道—如何"。要是人不谈论"知道—如何",那企业的所有讨论和谈话将会是其他内容。谁要是追问"知道—为何",就必须深入探究其目的,也即公司经营的意义。

如何去做的技术在一定程度上要求的是手指的灵活性,人可以通过学习和训练来达到这一点。这是对人的最低要求。技术方面好不好,人们自己就能看到。当领导的不必一一列举那些成果、目标数据、日期进度表,这一切人们自己会去看,他们不是文盲,可以读懂计划措施。而我们必须一再追问的意义和目标是:我们为什么要做以及出于什么目的而做这件事?让我们辨别方向的北极星在哪儿?

北极星不是目标,我们不是要径直奔向北极星。但是,当我们在搁浅寻找航向、处在生活的逆境中,或处于竞争的惊涛骇浪里时,北极星就会给我们指出方向。准确地说,我们要寻找的只有两样东西:方向和意义。

我所做的事必须有意义。作为人,我想成长和超越我自己。我想在我死的时候,不再是出生时的我,而是变成另外一个人。人不是被限定的条件反射生物,而是有着开放结局的发展生物。别人需要他,才是他生存的权利。人不是为自己工作,而总是在为他人工作。因此,作为领导应该提出的问题是:"为什么别人需要我?""为什么我的工作有价值?""为什么顾客到我们店里来很重要?"

这里涉及的是质,而不是量。数量使活动和行为的空间变得更狭窄，而质量开启着各种可能性。

我想给大家讲一件发生在我们dm的具体事例，以此来说明迷信钱和数字是误入歧途。有一个时期，我们觉得公司的电话费有点失控。令人惊奇的是，有的分店每月的电话费从不超过40马克，而有的店则至少需要250马克。这之间的差别过于悬殊，总部有人怀疑某些分店的人过于频繁地长时间打电话聊天，对此我们想制定出一个规则。我们又学习阿尔迪的方法，决定规定出一个最高电话费的明确数额。我们制定出了标准，所有的分店电话费不得超过160马克。结果如何呢？过去那些电话费只有40元的店，现在费用突然涨到160元；而那些以前电话费250元甚至更多的分店，费用却没有什么变化。

在此，我们庆祝的真是一次皮洛士式的胜利[1]。虽然现在大家的电话费差不多相等，但糟糕的是总的电话费比前更高了，因为所规定的数目突然变成了标准。现在打起电话来不再是有原因、有必要，而是有了电话预算费用。而以前电话费高的分店，本想给他们封顶，但电话费还是突破界限，原因可能是特殊的情况需要多次或长时间地打电话。

如果我们总是紧紧盯着"知道—如何"，虽然企业的进程表面上运转得越来越好，但企业曾经拥有的意义就会丧失。我们必须学会信任员工，如果他们知道工作的原因和目的，例如打电话，他们就会以适合的方式去做这件

---

[1]意为得不偿失的胜利。公元前279年，古希腊国王皮洛士以极其惨重的代价打败了罗马军队。当时他曾说："如果跟罗马人再打这样一次胜仗，我们就完蛋了！"由于元气大伤，数年后他被罗马人击败了。——译者注

事。通向目标之路本来就是非常多样化的。

在许多企业里，人们谈论的总是"知道—如何"的问题。如果问："发展的方向是什么？"人们的回答是"两年后我们想扩大一倍"，或"我们努力的目标是增长20%"。这是废话。增长不是自我目的。如果产品做得好、有意义，也就是说人们需要它，那企业自身必然会发展壮大。回答"发展的方向是什么"这个问题的唯一的合理的答案是："我想做得更好！"这就引出了下一个问题："我们这里能把什么做得更好？"这就自动进入了质的范围，引导人们向着最佳的成绩而奋斗。

当我踏入一个商店时，如果里面没有顾客，那就没必要去检查货架、账本或询问销售额，每个售货员自己也能看到没有顾客。我必须问问他，其可能的原因是什么，为什么大街上有上千的行人，我们这里却没有顾客。我得问：我们如何使自己变得有助于人？如何做到让顾客想在我们这里购物？

必须这样来想象：每个来我们商店的顾客，至少路过了两家我们的竞争对手。他必须清楚地知道为什么到dm来购物。同样的产品，尽管他走三分之一的路就可以买到，尽管天下着雨，尽管他还得过一条四车道的马路，尽管孩子在哭啼，但顾客说，这一切都无所谓，他就想去dm购物。费尽周折，他终于来到了我们的商店——店门还没开，拿钥匙的店员迟到了；或者，因为没有及时进货，8种商品中只有5种有现货。这对顾客而言这简直是灾难。因此，我们必须通过有效率的工作杜绝浪费、提供低廉的价格，我们应该及时填充货架，我们要保证开门时间。我们在dm工作的目的是什么？就是为了要让顾客满意！

其核心问题是：我们想让我们的企业成为一个成功的企业，还是我们仅仅想着有一份稳定的工作？

人是目的，不是手段

我成千上万次地回答过记者、科学研究者和其他企业家们的提问。我回答他们：没有，我们企业从未采取过刺激手段来提高业绩！人们现在或许可以说，多遗憾，否则dm会有三倍的增长。那好吧，这种说法我没法反驳。或许dm确实还有没被挖掘出来的经济潜力。尽管如此，我总还会像现在这样去做一切，原因正在于：人不是手段，而是目的。

如果我领导一个人的目的是使他工作更有效率，生产能力更高，那我就把人又当成手段了。许多人混淆了领导和操控之间的区别：把让别人去做他本来根本不想做的事情变成让别人相信那是他想做的事。这多么具有嘲弄性！多么不尊重人！

不能这样做。我们的思维必须成功地完成这种哥白尼式的革命，我们的社会意识必须进行这种模式转变。自法国大革命以来，自《人权宣言》以来，我们就知道，一切人是平等的，没有主人和奴隶之分。但这一认知还没有转变为我们的行动。许多领导者对待他们的雇员一直还像是对待奴隶。然而，人类在进步。

经济意为为双方的利益而劳作，人是目的。因此，当今的领导方式不再是给员工指明他该怎么做。现代领导者不是回答如何做这个问题，而是回答为什么做和为何目的而做的问题。如果人有了目的意识，知道为何去做，他就能找到适用于他个人处境的方法和道路。

一个企业家不是一个驯兽者。像想让狗跳跃那样，拿一片香肠放在人的鼻子前面——这种引导方法是行不通的。许多人觉得，领导就是施加压力，这是误解。领导不是增加压力，领导必须形成一股引力，而意义有着毋庸置疑的吸引力。

人可以征服一座高山，也可以被一块石头绊倒。

——格特鲁德·冯·乐福

第六章　课题项目工作
或 如何明智地建立一个商品经营系统

尽管我们天天都在买东西，但很少有人去考虑贸易是如何进行的。表面上看，贸易的原则很简单：商品被买来，被置于货架上出售，如此而已。但是，贸易和贸易之间有着巨大的区别！两个人做同样的生意，远远不代表两者之间相同。有些商贸的运作看上去像是百年不变，但实际上，今天的贸易和20世纪70年代的贸易相比之下已有天壤之别。

要是我父亲看到今天的人是如何买东西的，他会觉得不可思议：年轻人在百货公司走近货架，拿起一件商品，用手机扫描上面的二维码，再按上几个键，几秒钟之内手机上就能显示出这件商品的价格在其他商店是否更便宜。

在我父亲的日化卫生保健品商店里，大部分商品还都是散装货。他用小铲将茶叶按顾客需要的量装到小袋子里,放在秤上称,然后计算出价钱。只有名牌商品有供货商给出的固定价格,顾客在哪里买价格都一样,也容易计算。但是,要知道一天挣了多少钱,我父亲得每天晚上数钱计算收入。这样他也仅仅知道他卖了多少钱,但他并不知道是卖什么货挣的钱。要想知道顾客是买牙膏多还是买刮胡水多,或者顾客喜欢买沐浴液还是更喜欢买泡澡盐——要想得出数据,我父亲要么就得辛辛苦苦对每一次购物用手做记录,晚上再对记录作出分析;要么我父亲必须定期检查货架,看看什么货少了。可想而知,这两种方法都很麻烦。如有几百种不同的商品的话,这方法就成了真正意义上的西西弗斯的苦役[1]了。几乎没有一个商人能坚持去做这种烦琐的记录工作,太花费精力,却仅仅为了知道结果,例如卖出去29瓶刮胡水和17管牙膏。

对零售商来说,单独统计出来的这种数据没有多大价值,只有在比较中,如与去年的数据比较,才能看出发展趋势。或者,他用买进来和卖出去的差价计算出盈利,再乘以卖出的商品数量,这样他便能知道哪些商品收入高,能使他的店存活下去。其他的方法都是些依据个人经验了解的情况:迈埃尔夫人喜欢这种商品,米勒先生喜欢那种商品,舒尔茨夫人总是买名贵商品,而瓦尔茨先生相反只买最便宜的商品。往货架上摆什么商品,零售商凭经验感受来作决定。最终哪些货物让他真正赚到了钱,就是在年底盘点时他也搞不清。

---

[1] 意为永远完不成的任务。古希腊传说中,西西弗斯受罚须将一块岩石推向山顶,每当接近山顶时,石头又滚落下来,如此反复。——译者注

这种瞎子摸象式的经营方式在今天根本行不通了。现今每一个dm分店出售约12500种商品,与竞争对手的价格差别在分厘之间。零售商只有清清楚楚地知道哪些商品以什么价格在什么时间被卖出,他才能存活下去。而这种信息他通过按键盘就能知道。通过计算机的数据计算,零售商可以清楚地考虑安排每一周的不同的优惠商品。

　　当第一批dm商店在德国开张时,这些想法还漂浮在遥远的未来:那时还不可想象,有朝一日人们在分秒之间就能精确地知道,哪些商品"畅销",哪些商品"滞销"。要是说将来会有法律条文规定,不允许对顾客个人消费行为进行分析利用,在那时像是听科幻小说。像今天这样通过数据分析人们可以使商品的周转时间少于24小时,这在当时像是遥远的幻想。还有今天的巨型商场,拥有5000平方米的面积和40000种商品,这在当时也是不可想象的。一方面,今天的商店规模巨大,商品充裕;另一方面,人们详细地掌握着商品量最微小的出售信息,这两方面密不可分。或者,就像世界上最有成就的商人之一、沃尔玛超市的创始人萨穆埃尔·莫乐·瓦尔通所讲的那样:"零售是细节。"

　　从一开始我就非常需要这种细微的信息。我总想清楚地知道,我们到底卖出了多少货?用了多长时间?只有知道这些信息才能明智地建立一个商品经营管理体系。

　　为了说得明白些:零售商的成功始于对地点的正确选择,地点这个先决条件决定了可能拥有的顾客数量。同样重要的还有吸引人的商品种类,供应的商品必须是顾客需求的商品。而有吸引力的商品种类对顾客来讲还得价格实惠，也就是说定价格让顾客掏得出钱。最佳的地点，最好的商品种类，最优惠的价格；但要是商品断货，这一切都白忙了。顾客需要10种商品，我们只有3种有现货，时间长了维系不住顾客。成功的贸易是：正确的商品以正确的价格在正确的地点出售——而这一切还得配合上正确的时间点。

用专业术语讲，这叫作智能商品经营。成功就是用最少的商品量达到最高的周转速度。如果商品周转得慢，就会占用不必要的资金。人首先必须卖掉大量的存货，才能重新得到现金去购买新货。只有商品周转得快，占有的资金才相对少，这样才能对顾客的需求做出相对灵活的反应。市场是透明的，dm的商品种类基本上也可在其他商店买到，因此，零售商之间的竞争主要是在价格和组织机构方面。如何掌控以及如何使各个地域之间相互连接是分店经营的根本问题。

分店企业结构庞大复杂，分店越多，就越不容易看清全局。因此人必须创造出洞察全局的手段或工具。目标是，只要顾客在商店里从货架上拿了货，付了钱，库房里就会自动订货。这一信息链上的第一环就是收银台。因此收银台成为商人感兴趣的重点。

扫描收银机和EAN码（欧洲商品编码）——这是一个先有鸡还是先有蛋的游戏

第一批扫描收银机出现在20世纪70年代的美国。1973年IBM公司发明出第一台样机。四年以后，在德国市场上也有了扫描收银机。1982年在德国仅有66家企业使用扫描收银机，三年后已经超过700家。让这项创新在贸易中普及运用，还需要时间。南德阿尔迪公司从2000年以来才使用了扫描收银机，而北德阿尔迪公司甚至从2003年起才开始使用。

扫描收银机减轻了收银员的工作。以前收银员必须将所有商品价格熟记于心（业务不熟的话可以查询列出的价格单），在收银机上用手打入价格。使用扫描机后收银速度加快，过程变得简单。

然而，为了使扫描收银机自动识别价格，产品必须有相应的标识。现在在德国大约80%的商品，甚至98%的食品都有条形码。而企业自愿发展到这一步，经历了一个漫长的过程。

当年的问题是，谁应该先开始迈出这第一步——差不多是一个先有鸡还是先有蛋的游戏。生产企业说，我们不能仅仅为了少数几家使用扫描机的商店，而浪费本可以在商品包装上面宝贵的做广告的面积。零售商说，我们不能仅仅为了少数带条形码的商品去投资购买昂贵的扫描收银机。这就需要一些有勇气又疯狂的打前锋的人。1977年7月1日出现的第一个条形码，打印在来自乌珀塔尔的维沙尔茨公司的混合调料包装上。

从一开始我就觉得这个系统可信。1978年起我们就在dm全力投入无现金收银系统，简称POS系统的工作。1979年我们实验安装了第一台扫描收银机；到1982年，我们继续搞了六个实验点，使用三个生产商的四个不同的系统。

这种投资价格不菲，因为这种技术在当时还非常昂贵。但我确信,新技术有前途。我记得在开始阶段,我走遍了德国,说服给我们供货企业的董事会和经理们,让他们在产品上面加条形码。到了80年代中期,条形码才实现了标准化。有段时间,我们自己设置了"商店内部标识",自己为每个产品设出八位数号码,用自己设计的编码系统标到每一件商品上,以便能通过扫描机识别。

1982年底,我们决定使用IBM设计的系统。当时收银机的软盘储存量为"一兆",即1MB[1],我们对其功能感到自豪。而今天这么点储存量连一只手表里的最小的计算机都不够用。今天听起来很可笑,在那时可是引起轰动的事。

我们使用当时市场上的计算机分析数据,那时计算机的计算能力可能还不及今天智能手机的千分之一,我们必须自己编写程序,以便最终能计算出盈利和亏损的结果。用这种方式我们能自动了解我们的商品什么时候被买进,什么时候又被卖出,这是我们整个经济经营过程的基础。不久我们这种经营流程就成为德国商业界的样板。

专业化的项目管理——"企业里的民主"

这一新技术是以典型的dm方式引进实施的。那时还没有IT部门或用当时的称谓——电子数据处理部门,那时也没有这一领域的专家。因而,我们先组织了一些课题小组,围绕收银和物资管理方面的问题进行探讨研究。课题

---

[1] 1MB =1024 KB,计算机存储数据单位。——译者注

第六章 课题项目工作 或 如何明智地建立一个商品经营系统

项目研究人员的任务是共同研发出解决问题的方案，他们必须自己去组织研究工作。第一批课题小组仅仅研究dm自己的IT系统，直到33—35号课题，才摆脱了IT内容："dm33号自然果仁"，研究如何引进阿尔那图拉的商品品种；"dm34号培训"和"dm35号分店领导培训"，如项目名称所示，研究如何引进培训系统。

我们不仅不断学到新的内容，而且我们的课题项目管理的原则也与时俱进，不断地专业化。日常工作之外的任务——不管是营销的改变还是机构组织程序的变动——一直到今天都是项目小组的研究课题。要是某人有了新主意，他就自己寻找有同样兴趣的伙伴建立一个课题。参与者总是两类不同的人，一类作为参与者是拥有相应专业知识的人，另一类是通过参与项目工作能学到点新东西的人。

每一个课题项目都有规定的起始和结束的时间点，经历不同的进展阶段。一开始必须在课题责任手册中写明项目的特征和任务：项目的目标是什么，前提条件是什么，应该改进什么，至少应得出的结果是什么。随着课题的进展过程，这些要点也不断地具体化。每次课题讨论会都有记录，为课题投入的工作时间也都有着详细的记录，与项目有关的费用都有着预算和掌控。整个课题项目发展中有那么三到四次，当项目进展到一定阶段，课题小组就会对企业公众公开研究成果。原则上每个月都有一次课题项目活动，愿意展示自己研究成果的课题小组可以报名参加，感兴趣的人都可以来听，至少每个部门和每个分店的代表都会得到邀请。在这个过程中有"展望总结时间点"，在这个时间点会作出决定，是否把课题研究出的结果真正投入实践，扩展到所有分店。在达到这一目标之前，项目的研究与dm的业务运行完全脱节，否则会使整个系统陷入不稳定状态。如果研究达到了成熟点，事情就当真了。

参加各个课题小组的人员数目不一，取决于工作的范围，有时四至五人，有时达到十人。我们邀请所有员工来参与，有直接与问题有关的人，必要时还有外部来的人，即从供货商和合作伙伴方面来的人，这种组合方式使大家能相互学到很多东西，并及早发现问题有可能出现在哪些环节。

课题项目81号是引进"生态洗涤清洁用品"，课题项目191号是研究"用EC银行卡无现金支付"，课题项目536号是"2012积极推进可持续发展性"。在dm历史上，最大的课题项目是"dm286号：为dm-日化卫生保健品商店建立一个新的配送中心并投入运行"，此项目耗资一亿五千万欧元，到1990年底建成了新的物流中心。后来又建立了多个这样的物流中心。

扫描收银机这个项目是由米歇尔·克罗齐和我亲自参与的，过了不久，埃里希·哈尔施也加入了进来。米歇尔·克罗齐是项目发起人，他执迷于全自动装置这一设想。多年来，他始终如一地关注着如何精确地去跟踪货物的买进和售出，保持掌握整个企业和库存情况，以便用特定的计算方法让分店存货不多，但又有着最快的进货速度。克罗齐仅仅比我小几岁，大学时，他读的是企业管理专业，毕业后在鲁尔地区的霍尔滕公司工作。此人年轻有为，事业有成。1976年他就来到了dm工作，成为第一批区域领导人之一。当时他放弃了拥有红木写字台、时尚汽车、辞职期限为一年的领导职位,换来的是一辆旧标志车,开始时,他连自己的办公室都没有。这一切都是因为他对革新创造感兴趣。在霍尔滕公司,只要他升不到理事会层次,他就只是在执行命令,起着一枚小小螺丝钉的作用。而在dm他一开始就有施展创新能力的空间。在当时才开始发展起来的dm企业文化也是他的兴趣所在,他的硕士论文的题目就是《企业中的民主》。他总是喜欢给人讲述他求职面试时的对话:

"我应该在你们企业做什么工作?"

"一切该做的工作。您什么时候可以开始工作?"

"12个月以后。"

"好吧,那您12个月以后来,那时我总还有事让您做。"

我们对招聘职位描写的透明度,以及为了找一个工作人员,我坦然自若地甚至准备等上一年的态度,深深地打动了他。在一个创新的企业里,总有许多事先难以预料的工作等待人去做,而且我十分清楚,像他这样的人我在一年后或许比今天更加急需。因此,拒绝他是不明智之举。后来,他还是能够提前开始在我们公司开始工作,并且很快成为举足轻重的经理和业务领导。这些年来,他差不多在dm的所有部门工作过,如审计、财会,他参与建立了计算机系统,在营销方面也做了许多工作,后来组建了整个物流业务。自2010年12月以来,他成为dm监事会成员。

毛头小子与企业领导相遇——共同合作达到目标

扫描机项目的第三位参与者是埃里希·哈尔施。他于1981年从奥地利来到卡尔斯鲁厄市,他当时还非常年轻、青涩,几乎没有什么经验。中学毕业后他学了四学期的法律,面对烦琐的法律条文,他逆反停学,没有受过职业教育就在奥地利的dm开始工作。他想工作,无论干什么都行,他也在寻找他的职业契机。他打算经过一段时间,最多两年,工作入门熟悉了之后重返奥地利。但他后来爱上了一位卡尔斯鲁厄市的姑娘,从此就留在了这座扇形城市。在dm他很快就熟悉了电子数据处理部门的工作。1992年他成为dm信息技术子公司分店信息数据费力阿达塔(Filiadata)的领导,同时也是dm企业领导的成员。2004年,我任命他为我的代理人。2008年他被选为企业高层领导的执行主席。

1981年时我们还不清楚,这位20岁的毛头小伙子将会往哪个方向发展,于是就让他开始先做一些简单的工作。当时有读收据的机器,可以读出和记载表格上的数据,并转送到数据磁带上。但前提是收据上用铅笔写的字体必须工整,这一点常常达不到让人百分之百的满意。开始的三个月里,埃里希坐在机器旁,每当机器遇到识别不了的数字卡了壳,他就得用手去纠正。这份工作很枯燥乏味,但又很重要。通过这项工作,埃里希·哈尔施第一次接触到商品经营,在分店的发票上记录着每一次进货的数据,即商品货号、数量等等,同时也存在着许多让人难以置信的错误。用工整的字体写出单据本来就是一件没人喜欢做的工作，人们常常草率行事。所以埃里希·哈尔施的工作量还挺大的。

后来，在这方面生出了新主意，dm的工作人员不再记录进货数据，而是问进货商要收据。进货商对提供的物品有着准确的记载，因为他们最后要以此写账单。我们的问题是，如何将供货商进货时的数据进行电子数据化处理，能够自动载入我们dm的系统。不难理解，由此就产生出了一个研究项目"dm16号：进货数据一体化"。这听起来简单，操作起来却很复杂，因为有上百种特殊情况。但最终的结果令人振奋：以前出错的系统被校正过来，过程变得简单化、优化。

在参与项目的工作中，埃里希·哈尔施在最短的时间内认识了整个企业，商品经营管理系统总归是贸易的核心。他也因此很快显示出他的才能，成为课题项目领导，对他这样一个毛头小伙子来说这还真是一个挑战。

作为课题小组的领导，他必须让所有参与者遵守约定的时间计划，落实分步措施，清楚地记录项目的工作过程。他规划并主持工作碰头会，这是一个责任重大的任务，而且还不那么简单，因为他面对的其他成员都是企业的领导，包括我这个企业创始人和拥有者。也就是说，与他这个职业新手坐在一起的都是经验丰富、积极投入而且都有着各自的观点和信念的经理们。

埃里希·哈尔施生性平和、矜持，但同时非常有韧性，能自信地和我们一起讨论事情。他信心十足地经历了这种火一般的洗礼。那是他第一次，当然不是最后一次与几乎所有层次的领导们一起工作。我们在这段创新时间里第一次这样做，后来也保持了这种做法。特别是在信息技术部门，那里的工作人员常常得沉醉在神秘的冥想深处，一种自觉地与所有其他专业部门合作工作的文化就显得越发重要。随着时间的推移，所有的工作进程越来越多地加入了电子数据处理的技术，要把思考者和实践者之间分开，几乎不可能。大家必须坐在一起讨论出解决问题的方案，以合作伙伴的方式推进工作。

"这里没有错误！"

扫描机和条形码技术在德国的全面推广持续了十多年时间。首要问题在于，人们对机器和条形码是否工作无误缺乏信任感。1989年时，也即发明扫描收银机15年之后，《明镜周刊》还登载过一篇非常有争议的文章，题目为《新的计算机收银机》。文章中指责，测试员在买东西时发现货架上标的价格和付钱收据上的价格不一致。这一差错并不是技术上的缺陷引起的，而是当时个别商品的促销价格没有被及时地输入基础数据库里。电子数据处理部门和营销部门没有及时统一价格。

这种情况在dm不会发生。我们在课题研究工作中及早就认识到这种错误的源头——能看到这一点，正是因为各有关部门从一开始就共同参与了研发。因此，当媒体情绪激动的讨论达到高潮，怀疑是否是收银系统欺骗人时，我们也能够平心静气地面对顾客，贴出醒目的纸条，为我们的收银机向顾客许诺："这里没有错误！"谁要是能够证明某种商品的价格输入错误，就将此商品免费送他。再怎么说我们也是新技术的探路先锋，我们研究应用扫描收银机有着近十年的经验，知道我们的系统可信。

当然，这并不是说当时我们的计算机收银系统已经覆盖了所有的分店，发展道路还很漫长：我们刚刚开始给超过一半的分店安装扫描机。为此，我们在1988年还成立了一个新的课题组，精确地列出为分店装扫描机的87个要点。

到1984年11月，德国和奥地利的300家dm分店中仅仅有62家安装了新系统。IBM公司当然非常感兴趣，我们为其他分店安装的机器也从他们那里购买。但我们当时认识明确，在当时的情况下，继续购买新机器不会给我们带来新的进步。我们现在可以从选出的分店数据里清楚地了解到每一个商品系列的发展动向和其盈利比例，知道哪些产品卖得好。

给其他分店都装上新机器，对我们来说只是巨大的额外支出，而知识上没有新的长进。因为对这项新技术投资的初衷是搞清产品种类售出的细节。虽然扫描收银机能提高收银的效率，不再需要标出每个商品的价格或标出每个价格的变动，因而节省了工作时间。但只有当扫描收银机价格更便宜时，这种操作的优点才有作用。从这一方面讲，在早期应用扫描收银机不合算。但它有着策略上的优点：可以减少清货盘点时的误差，人们可以主动掌握商品类别，进行进货分析，减少库存，提高商品周转率。最重要的是在与供货商商讨价格时，我们有了明确的理由，我们现在准确地知道，一种产品是否真的像生产商的推销员给我们许诺的那样卖得好。

扫描机仅仅是走向高度复杂的、以信息技术装备起来的商品经营管理体系的第一步。我们十分清楚,时代变化很快,必须开启其他的创新步骤。借助扫描收银机我们现在能够收集商品售出的各种信息,但只有当我们同样准确地知道商品进货和商品库存的数据时,我们才能真正利用收集的商品出售信息。任务繁重,课题研究小组勇担重任。

不久,我们成为商贸界运用信息技术的领头人。1989年,当时电信业务还隶属于国家邮政局,我们从30个竞争选手中被国家邮政局选中作为一项研究项目的合作伙伴。当时综合业务数字网(ISDN)刚刚兴起,在开始阶段只是将39个城市相互连接起来,到1993年,应该全面覆盖。我们得到了50万马克的补助费和技术支持。邮政局希望通过我们作为榜样来扩大影响;而我们在寻求合适的传递信息的快捷之道,以便使分店得到的数据快速准确地传送到总部。同一时期,我们也开始将我们的数据提供给我们的生产和贸易伙伴使用。为此我们为研究所需要的软件和硬件投资了上千万,我们将信息技术部门划分出来,变为百分之百的独立分公司,取名为分店数据费力阿达塔(Filiadata)责任有限公司。

经历了数年,我们围绕供货链进行的电子数据处理越做越完善。2001年我们对供货商开通了我们的"dm外联网",我们以此给生产商提供了以前从未有过的大量销售数据,我们的合作伙伴可以看到深入分店层次的销售数据。外联网可以计算出一个生产商的产品在这一商品分类中所占的比例,以及与上一年的差别,甚至可以显示出某一个商品在dm收入中所占的份额。就这样，无论是开始几年的扫描收银机和电子邮件交流方式，或是系统地建立企业内部的内联网和引进系统、应用程序、数据处理软件，我们从一开始就注重技术的力量。

而这一切努力的目标无论在过去和将来，都在于使dm员工有能力胜任工作，关键在于我们的员工不是跟在马屁股后面跑，而是稳稳地坐在马鞍上面。

> 我的裁缝是唯一明智的人,他每次见我都要重新测量我的身材尺寸,不像其他人那样总是用老标准衡量我,认为还适合今天的我。
>
> ——格奥尔格·贝尔纳德·沙乌

第七章 保持创新
或 为什么我最喜欢不满足的同事,我自己非常乐意"剽窃"

足球教练西尔·阿尔夫·拉姆塞曾说过:"永远不要去改变一个赢得了胜利的团队。"1966年,他带领英格兰国家队赢得了世界杯足球赛冠军。从此再没有哪句话像这句话一样被人时常引用。遗憾的是,在企业经营领域里也有人引用这句话。真让人感到遗憾。因为,人们学到的是一句最不利于创新的口号。人们可以仅仅用事实作为最好的证据提出异议,说明这句话没有意义:四年以后在墨西哥举办的世界杯上,英格兰队在四分之一决赛时就出了局。从此英格兰队再未成为世界冠军,也再没有进入世界杯的决赛。当然,我对足球知之甚少,所以最好还是待在我牙膏之类的专业范围内。

对我而言,一个最基本的认知是:企业的本质是自身不断地在改变,正是在这一点上,企业家和经理的才智之间有区别。经理说:"我们做得很好。正因为我们这样做很好,那我们接着这样去做!"相反,企业家说:"经营得不错,但不能这样下去。如果我们一直按照现在的方法去做,结局将会不妙!"

因此,成功的企业家需要两点:他需要有清楚的规划视野,他还要有对细节的持续爱好。您可以用这两点来判断企业家。有的企业家有清晰的远景规划,但不从细节做起;还有的企业家细节问题解决得好,但没有清晰的规划。这两种企业家都不会长久取得成就。只有将两者相结合,事业才能持续不断地取得成功。

在从事琐碎工作的企业,如零售商,有足够的细节、小事需要人去做。我因而从未感到过无聊。无论什么时候,什么事由,我到了什么地方,处处总有些什么事让我留步:"等一下,这事可以做得更好!"

差不多每个同事都喜欢讲讲我的某件轶事,或我又在某种不适当的场所做了某件小小的事。如有一次,我们在一家分店与一位求职者面谈,刚问候了求职者,我的目光就落在摄影器材部门的柜台上,柜台设置得不理想。"请您动动手一起来干干!"我当时对求职者这样说。然后就和他一起在几分钟内重新摆设好柜台。还有人讲,我有一次清除了一堆狗屎,不是在店里的狗屎,而是在商店前面的狗屎。还流传着一个故事,我踏进一个分店,问人要来一把扫帚,用扫帚杆将货架上方的射灯的灯头方向重新作了调整,使其不是照着地板,而是对准了商品。

我记不得我的同事讲述的关于我的所有的故事了。但是,这些事确实有可能发生过,我也不排除我的举止使某些人受到了伤害。或许那位求职者不仅让我搞得有点茫然不知所措，而且感情上也受到了伤害。他会觉得，比起他来，摄影器材柜台更重要；或许有些人对领导铲狗屎或拿扫帚的行为感到迷惑不解。但许多事情对我来说却很重要。例如，顾客站在摄影器材柜台前能感到舒适，在日常行走时他不至于搞脏了脚，他能在明亮的灯光下看清商品。只要我看到不顺眼的事，而我又能将它做好，我就一定会马上去做，否则的话，过上一个月，事情或许还是老样子。

可我为什么非得亲自去做这些事，而不是告诉分店领导该做这些事呢？我回忆起一件事，我看到有位区域领导派遣一位店里的职工为他去取香烟，这种事我是绝对做不出来的。这不仅仅是因为我多年前就戒了烟。你们能猜到，当我们参观完分店返回车里时，我对这位区域领导说了些什么：这种"指使人"的行为像是在黑暗的中世纪，贵族将其他人看作是自己的奴隶，指使他们为自己做这做那。幸亏这一时代已成为了历史，但那个时代留下来的封建思想却在今天依然时常出现。

还有些当领导的，他们虽不会像是农场主般在自己管辖的领域里发号施令，但他们在类似的场合有意识地不会去自己动手干，而是开车回到总部，思考排除此类错误的措施——出于担心，发生的错误仅仅是冰山一角。这之后，他们会在销售部门订出相应的条规，如"正确调整灯光""清除商店周围的污物"等。然后每周给大家发出通报，提醒员工要遵守规定。问题在于，这种行事方式很令人恐怖，带来了惊人的工作量。这些令人不悦的通告被写出来，发出去，不知落在哪里被装订起来，但还是会有只射在地面而不是射在商品上的灯光出现。

我也可以将分店领导传呼过来，用严厉的口气要求他："您过来看一下，让我瞧见了这样的事，把它做好！"其主旨是：不这样的话，他永远也学不会！就像勒珀尔老师在教化小小的弗里茨，用粉笔和打手棍教他记住世界历史的年代数字；或者像是马戏团的团长伽里安尼，用甜饼和鞭子教熊跳舞。时至今日，这种处置同事的方法已经过时了。当领导的任务不是向下属施加压力，让人反复咀嚼某些条例，或是揭发出某种行为。

廉价推销员和思想"剽窃"能手

人不是难以驾驭或笨拙的，人也不必受教化或惩罚。显然有其他吸引人注意力的事情，有我的同事认为更重要的事情。通过我去操劳关心某件事，同事们会觉察到：哦，这件事重要！要是维尔纳先生做这件事，那必须是件重要的事。

我父亲当年就知道灯光是最廉价的推销员。过去我们商店的照明光线一直是均匀分布的。直到有一天，我们发现明暗有别的光线能使空间更有活力。每个业余摄影爱好者都知道，光线明暗相互作用能使摄影主题变得更引人注目，所以，最好是在下午光线斜射的时候拍摄。因此，我们后来换掉了灯管，换上了可以变换方向的射灯，照射在商品上的效果极佳。这对商店职工来说是一种变化。过去他们不必考虑灯光问题，现在他们给货架填充商品之后得注意灯光的照射方向。他们必须改变过去的感觉习惯。人可以对此发指示、作解释,但最有效的方法是,人要以身作则,以示范的方式做给他们看,让他们体验变化:看看,现在看上去好多了!——哦,确实如此。刚才射灯方向错了,照不到后面,现在看上去很舒服,亮堂多了。

人得像设计舞台那样布置他的商店。每个剧院的院长都知道舞台布景的重要,但更重要的是灯光。分店的领导也得有这样的目光。每当有所变动,就得问问灯光是否还合适。让这种观察问题的方式在企业普及,还真是一场持久战。但还是那句话:坚持不懈努力,谦虚以待成功。

每个商店都有调错方向的射灯,原因是调换了一下灯泡、清扫了灯上的灰尘,或是货架做了调整等等。这样,射灯头的方向就不对了。在每个人身上都可能出现错误。但这不等于说,人们可以高枕无忧地正常生活。有句悦耳的格言不是没有道理的:"从不担心的人不久会有担心的事。"今天在德国,每天有150万顾客踏入dm商店。但这根本不代表着他们明天还会来。顾客不再回头的危机总会存在。要是我们不去担心失败,就会成为灾难,就会成为失败的开始。

尽管如此,还是这句话:没有完美的东西,总有可以做得更好的事情。我们所做的一切都不是十全十美的。正像我不久前读过的卓越艺术家阿尔贝托•吉阿科默蒂的传记,他创作了上百幅杰作,尽管如此,他说,他的创作工作并没有结束。正像给我们的世界哲学打下了独特的深刻印记的苏格拉底说的那样:自知无知。

无论做什么,人们可以改进一切。这就是说,如果我在dm分店发现某事不完美，那就说明商店的职工或是没有看到问题，或是他们不知道如何去解决问题。为了简单起见，我就做给他们看，也许他们只是耸耸肩膀问道：刚才维尔纳先生在那里做了什么？但也许他们能够从中学到什么。

我的大多数知识也是从别人那里学来的，或者说，偷偷看会的。企业家向企业家学习，我在其他公司看到了什么，从中引导出自己的结果，这就是经验。我四处奔波，这儿看到点东西，那儿看到点东西，突然间，我看到了某个重要的东西，这就是在实际经验中的顿悟。

我的同事们总是说："维尔纳这家伙'剽窃'，他'剽窃'的手法是用眼睛看和提问题。"是的，我承认他们说得对！我提的问题涉及一切，不管问题问得有多愚蠢或是多尴尬。只要我知道哪里有知识的源泉，我就会无休止地问下去。我也用眼睛在"偷窃"，用自己开放的心胸去周游世界，看看我能学到什么东西。

直到今天，我还在使用这种方式方法：乐意去听，仔细去听。用十分清醒的头脑去面对世界，有勇气从新的、不同的角度去思考事情，去认识，去理解，然后转化应用到自己的问题上。我们都可以成为思想"剽窃"的能手。

紫色的柱子指明逃生的出路

人常常是在意想不到之处找到了解决问题的答案。20世纪80年代初，我们正在细细琢磨一个方案，如何布置一家开张售货的商店。那时，我遇到了一个英国人，名叫托尼·安瑟。商店怎样布置才能在顾客眼中看上去算是理想的呢？这是一个重要的问题。从供货商的角度看，他们有许多愿望：他们希望自己的产品尽可能地摆在显眼甚至最佳的地方，而且是他们所有的产品。搞营销的人与他们讨价还价，看看生产商为货架上的最佳位置能给销售商付多少钱，还搞出了许多复杂的区别。用术语表达，有弯腰区（货架最下面）、手抓区（与腹部等同）、视线区（与眼睛同高）和伸手区（最上层）之间的区别。我们在dm从来没有实行过这种方法。我们从顾客的角度来为商品寻找正确的位置：面积大、沉重的商品大多放在下层，而重量轻的商品放在上层，体积小的商品要放在易被看到和拿到的地方。

我们在伦敦拜访托尼·安瑟时，也讨论了如何设计布置商店的最佳方案。托尼·安瑟本来是搞计算机地形测量学的，也即地形制图学。用电子测量的方法，测量每座山、每条河流、每幢建筑、每片丛林，在计算机上绘制出地形图。我们在伦敦拜访他时，询问他，能否运用这种方法来搞商店设计。他回答：可以！现在我们有30年的经验，用计算机辅助设计（CAD）商店的造型。目前我们对所有的商店都作过详细的测评测量，用计算机辅助设计软件做出商店计划图形，精确到每一厘米。

要想招来更多的顾客，就得提供更多的商品。实现了这两者又出现了问题：必须有地方能容纳下众多的顾客和商品。要是不想租赁庞大面积的商店，就得想想其他办法。简言之，我们可将商品简单地叠摆起来，而顾客却不能。人们经常可以观察到这种情况，有零售商将他们的商店用商品堆满，却惊奇为什么顾客不来了。倘若首先为顾客着想，就得为顾客留出地方，让顾客舒适地购物。顾客站在货架前，得有后退一步的可能性，以便他能观察到商品。尤其是在自助式的商店，得给予顾客机会，让他们自己寻找所需之物，不必问售货员。例如，走道要宽，但也不能宽到让顾客感觉他独自站在宽大的过道里。这是一个如何组合的问题，某种意义上是商业的艺术。

这涉及商业的独特性。零售商从事的事业不是像写出一本书那样，书可以被上百次地重复印刷，但书中的内容不会改变。而商店是处于不断的变化中。每一个踏入商店的顾客都会改变商店的组合性。所以每一个dm分店看上去都与其他的不尽相同。尽管如此，每一个顾客在进入dm商店的那一刻，得感觉到：这就是dm店。或者至少是被某商人复制得像是dm店。为了做到这一点，分店的职工不必放弃自己商店布置的原样，而是与其他dm店在空间设计上有相似性的交合点，在给定的范围内继续发展dm理念。人们应该在企业中培养这种独特的形式。

有一段时间，我们尝试在分店建一个紫色的柱子，这个主意缘由是，顾客在一个商店里如果迷失了方向，会感觉不舒服。在一个400平方米的商店里这种情况常会发生。人们往左边走走，往右边瞧瞧，再弯腰找找东西，突然间迷失了方向，不知出口在哪儿。我们想让顾客避免这种短暂的不安感，为了有利于他们辨别方向，在商店中央立起一个紫色的柱子——就像柏林亚历山大广场的电视塔，无论天气如何，游客总知道他该往哪个方向走。立紫色柱子这个方法没有持久保留下来，因为不是每个建筑里都有柱子。但时至今日，我们设计每个商店时，总让顾客能四处看到出口在哪儿，这样能使他们放松，随时知道逃生的出口在哪里。

每天寻求企业的创新

每个人在他的经历中学习。问题在于，他从所经历的事情中认识到什么，并从他认识到的东西中学到什么。人们看到的东西一样，但只有为数不多的人能从中看出事情的要点，而从中能学到什么的人就更少。只有极少数人能把学到的东西变成为自己行为的准则。这就像一个梯形结构：经历、认识、学习，并从中得出一种生活的典范。每个人必须自己为此而奋斗，而企业家作为领导，他可以而且必须促进员工学习的决心，支持他们以开放的态度对待新事物。

员工必须能够无所畏惧地说："我们是一个开放的企业，我这里有个主意！"接下来你不能这么回答："这没您的事儿，这主意我们30年前就试过了，行不通！"

企业家必须鼓励大家："我们不断需要一个新的开端，我们必须每一天都在创新我们的企业，每一天！"这就是领导的根本任务。

有些人觉得这样做是"一味追求细节"，有时候他们听到领导碰头会上讨论的题目，会搔头表示奇怪。人们可以把这当成分店的鸡毛蒜皮的事，置之不理，但是，零售就是细节，涉及每一件琐事。这事关永不停顿的变革，也即创新的机会。

大多数企业的弊病在于，他们认为，领导操心的事情是要让一切局面安定如常。可这其实是管理思维。管理者的职责是让一切事情安安稳稳，可以预测。相反，企业家要做的，是不断地重新审视一切事情。他要不断提供新的动力，对一切提出疑问，以便不断地得出新的论据。他不能去强迫别人，灵感的产生始于偶然，不可能预言某时某刻某个员工有了什么思想火花，但可以创造出让他敢于思考的环境条件，而且让他能保持这样做。

因此，我在拜访所有的分店时——做到这一点并不难——我会走向员工，向他们问好，询问他们想到了什么、观察到了什么、缺少什么。这不是肤浅的寒暄。这些问题是我非常关心的事。要是员工提出某个问题，即便是很小的细节问题，他自己不能解决，必须由总部来插手，我就把问题带回去解决。例如，有一次，一个分店缺少挂起来宣传促销活动的标语牌；还有一次，一个员工发觉某件商品的标识有错误。

每一个人都会对周边的事有某种不满意，您在别人身上比在自己身上更能看清这种现象。但您会同意我的说法：我们总是对某事不满意，抱怨这个，挑剔那个。如果是一种具有破坏性的不满，那就令人烦心了。而在具有建设性的不满足里孕育着巨大的机遇。创新的前提条件就是对自己所处的境遇有着建设性的不满。破坏性的不满多如牛毛，但不能带来改进的主意。胸怀建设性的不满的人总是同时有着主意，他带着问题走遍世界：我如何能改变事情？我如何能使事情继续发展？

建设性的不满是人本性深处的一种能力。动物没有这种能力，它也没有这种改变的欲求，它对周遭的一切只是被动地接受。而人愿意改变自己，同时也改变世界，他对现成的东西不满足，寻找进一步改善的可能性。正是这种不满足使我们得以发展。因此，人们必须在企业中对这种不满足——注意，是建设性的！——有意加以培养和支持，这是改变的前提。我们每天都得审视我们的生活并问自己：我今天还能像昨天那样做事吗？我将此称之为创新练习。

吐故比纳新更重要

也许您也有过这样的经历，在老同学聚会上，您问候某人，他冲着您说："你还是老样子，没有变。"再没有比这更糟的赞赏了。我们生活的使命就是改变自己，成为另一个人。

这种改变过程总是有四个步骤。第一步，必须对既成的事实提出疑问，未来传承的是过去——我们要清楚自己是怎样走到这一步的。我现在处于什么样的境地？我位于何处？对此我们必须冷静地做出分析，这里说的冷静不是毫无感情地装"酷"，而是用一颗炽热的心去理解。下一步，也就是第二步，必须转变对既成的东西的思维方式，这一步就有些难度了。第三步，创造新东西。第四步，将新东西融入现存的东西之中。这是艺术，社会交往的艺术，其任务是，先向大家指明现存的带有不利因素的处境，再向大家介绍其他解决问题的可能性，让大家在头脑中对此思考。新的想法必须是行得通的，这样才能从中产生出大家果断去实施的项目。弃旧立新去达到目的，只有当这一新观念在人的思想深处扎根,才能引导变革。只要解决方案是可信的、具体的和可实践的,我们就可以坚定地说:就是它,这就是我未来想做的事!随后我们就可以付诸实践,改变旧貌。随着时间的推移,人在实践中学会了新的行为方式,无论是在私人的日常生活中,在企业中还是在国家政治中,无不如此。

在这一进程中,学习新东西其实并不那么重要,一般来讲,人人都能很快学会。更为艰难的是"吐故",即放下旧习惯和旧东西,给新东西腾出地方。在这一点上,领导要起引导作用:他们必须让人明白,问题不单单在于学习新东西,极为重要的是放下旧东西!

这是领导者的一项非常重要的任务。领导要时常让人认清,在新尝试之前,必须戒除旧的思想,这一点非常重要和有价值。许多企业根本看不到这一点,而是把新东西一层层地加上去,格尔迪绳结[1]就变得厚重庞大,混乱不断增长。因此,在创新的过程中,与有经验的老员工合作比与没有经验的新人合作更困难。老员工的许多问题在于,他们对现有的事已经形成了习惯,甚至还有点喜欢这种习惯的做法。

正确地提出问题很重要:"你为什么做此事?你为什么用这种方法做?"我们有时候根本解释不清这些问题。有人会说:"我一直都是这样做的。""我从来没有想过还有其他做法。"

在这一关键点上,我们的思维启动了,开始思考为什

---

[1]出自古希腊传说,指难以解开的绳结。——译者注

么要使用这种特定的方式方法？我们的行动变得不再是无意识，而是有意识。让下意识的行动从习惯的模式中脱离出来，这有其价值，甚至有很大的价值。

举个例子：人在开车时，若不是自如到快要睡着的地步，就不叫安全行车！能够安全行车的人像是在梦游般地安全行车。为什么呢？因为行车之类的事在于他已融化到了血液中，他操作自如，根本不必去想开车的步骤，一切像是机械动作。他像个惯性操作者。

从这个意义上讲，企业的第一任务是具备生产能力。为此企业的运营过程必须变得熟练自如，这样才能安全、有效率，也就有生产力。流程重复的工作意味着低成本无差错的工作。"不要改变！""永远不要去改变一个赢得了胜利的团队！"这样的警句很适合重复性的工作。每一个企业，在某种程度上，需要这样的重复性工作流程。一旦人们开始尝试新的东西，在开始阶段，会出现各种问题。正如一个新兴公司的员工，目标明确，干劲十足，却很少有效率。人们尝试着各种方法，寻找可行的途径，常常要有一段迷路的过程。工业生产的新产品系列，开始运行时废品很多，等到质量达到要求了，废品率也就等于零了。

习惯做法和创新的交替节奏

与"高效生产力"的企业目标正相反的是"革新"，这是企业的第二项任务，其目的是让人摆脱经验惯性，能够产生出新的东西。这时又会听到有人说："我的天哪！""您疯了吗，我们刚刚成功，废品率终于有所下降，现在您又要打破这一切吗？"如果开车人真的睡着了，就会出事故。所以他必须休息一下，补充体力，恢复活力。

习惯做法和创新必须达到同一种节奏。这两个领域在企业中同等重要。找到持续性和创造性之间的正确节奏，实际上是一个重大的挑战。领导就需要调节出保持现状和培养创新之间的节奏来。企业繁荣昌盛的动力就蕴含在创造性和持续性的交互作用中。要是一个企业创新变革太多，以至于失去了稳定性，可能发生的情况是，企业失去了根基，找不到自我了。若是发生在人体器官，就像是长出了肿瘤，得了癌症，细胞和细胞生长失去控制，侵袭了器官。相反，要是一味追求稳固，一直固守老一套，那么企业结构就会僵化，会得硬化症，心肌梗死，也是死路一条。

正确的交替节奏才能使企业保持活力，生命是循环，循环中孕育着力量！领导的任务是让大家一方面在日常习惯流程中得到安全感，另一方面要让人对事物保持开放的状态。只有在"产生经验习惯"和"突破经验习惯"之间保持适当的平衡，才能在工作进程中产生新的思想火花。这就像是划船——必须找到节奏。这是一项挑战。

因此，当领导的必须知道企业每天的日常工作流程是什么，使企业保持运转，这就是习惯运作。同时，他还必须看到有哪些创新任务。这些创新任务必须在日常流程之外进行，属于课题研究管理范围。因而，dm总是有着这两方面的任务。

但是要注意：领导的任务不是靠改革创新来供养企业，而是让企业具有创新改革的吸引力，让员工有勇气发展新的思维，抛弃旧的习惯。最终的目的是让企业一直保留着创新的活力。如果让员工能保持他们对变革的内在需求，不去用陈旧的指示淹没他们具有创造性的、不满现状的呼声，那样的话，总能在其中找到改革的契机。谁总是宣扬一种非创新性的观念，诸如永远不要去改变一个赢得胜利的团队。而有一天，他突然觉得，哎，现在我们需要一种变革！那么这时，他将发现不了创新的契机。因为，总是存在着这样那样的原因，这些原因会让人说：哎呀，不必了，保持老一套挺好。

我们能够而且必须训练自己创新的活力，一边完成日常的任务，一边还能够尝试一下别的东西。因此，持续不断的变革过程在一个企业中很重要，这意味着从事改革，恢复企业活力。至于改变是涉及新的收款系统，还是涉及新的软件，都并不重要。许多企业开始革新，在现有的体系里四处寻医问药，以至于产生了巨大的混乱，因为他们没有注意及时将日常的运作和创新区分开来。

在这方面有许多例证。企业高层主管——有时也会是来自公司之外的某个咨询人员——他们有新的主意，开始在企业里零敲碎打地进行改革，引入改革管理程序，局部进行修修改改。这样做是行不通的！我们必须要搞清楚：一个是正在运营的过程，另一个是还要发展的过程，后者只有以最佳形式成熟之后才能嵌入现有体系内。但变革也需要强硬的一步。那些所有想一点儿一点儿地来戒掉香烟的尝试终究都会失败；人也不可能只让理发师动上一点点剪刀，或者只买西服的上装。要做就做得彻底，要么就压根不要去做。

整个企业必须行动，对现成的事物提出疑问。企业里有足够多心存建设性不满的人。无论是个人还是集体，他们提出自己的批评和改进建议。但这时我们要讲明：先不要改动，我们必须为此成立一个课题项目小组！以此提出一个研究项目，等研究成果成熟，能够普及，才能将其成果引入现有的体系。因此很少有其他企业像dm这样，拥有完善的项目研究管理系统。这里不是在现有体系中捎带着改变点什么。正在运营的过程不受打扰，新东西是独立于日常经营之外发展出来的，以便时机成熟后再融入体系。

企业是拳击场

提出疑问的过程造就了思考的过程，人们得出结论：我做好了准备，如果有更好的替代品，我就放弃旧的。这样，首先做出样板，在两个分店试用，在第三、第四个分店试用，使之发展得更加完善，最终成为稳定标准的新流程，在整个企业中运用。

上面我强调吐故是创新运动的重要部分。就是在这一步也不应该急于求成，省掉必要的工作方式。为了避免在摒弃旧东西时会造成损害，我必须对新东西有可靠的把握。就像民间谚语说的那样：在你得到净水之前，先不要倒掉脏水。否则，创新的大胆妄为会突然带来问题，这些问题会使企业陷入左右摇摆的不稳定状态。

在个人的经验中，学习新东西的时刻，就像是体验一种危机。有时你突然会冒出这种念头：新的运行不完善，还是旧的好些。就像我们从开着一辆新车颠颠簸簸穿过一个十字路口，直到我们终于进入了驾驶这辆车的状态，这是一个必须加以克服的过程。原则上，我们每天都在体会这种经验，比如行走。

我在作报告时喜欢给大家做以下这个示范。一开始，我们用双脚站在地上。我们要是想运动，就必须放弃安全感，将一只脚迈向前方，人失去了稳定平衡的状态，如果有冲力从侧面来，人就会跌倒。企业机构的发展也正像这种过程。我们总是从一种安全稳定的局势出发，向前迈出一步。要走出这一步，让许多企业感到很为难：他们宁愿原地不动，安全第一。遗憾的是这样便不能前行。

要是我们继续往下思考，就会产生一个悖论：这个过程的终点，新的改变又重新给人带回了安全感。这里可以举一个完美的例子：就像是拳击手的双腿运动。拳击手不断地运动，从一只脚换到另一只脚，像是在跳舞。只要他站立停止运动，就会遭到对方的拳。所以，一个优秀的拳击手必须不停地处于运动状态，在运动中，他可以对外界的影响做出各种反应，或是抵挡或是出击。若是他双脚平立，就会摔倒在地。这也正适合于企业的运作。

一个企业家像是天天站立在拳击场上。企业管理因此也就叫作：让企业以明智的方式处于运动状态，既不能让它过于疲劳，也不能让它松懈。成功的企业必须不断地让创造性和持续性两个不同过程相互配合，让其保持协调。

事情的发生总是出人意外。

——威廉·布什

第八章　机智沉着
或 如何在耽误了一件重要事情的情况下还能把握事态的发展

我们不可能事事都能获得成功。在生活中，有时候，我们也得做点蒙混过关的事，使我们不至于丢人现眼。这也是生活的一部分。关键在于，我们要找到属于自己的生活路线，主动地去发展自身。正是基于这一思想，我一直没有停止过完善我自身的工作，因为工作是把握人存在的手段。因此，我尽己之力努力地去工作，尽最大可能抓住一切机会。不是所有的机会的降临都被我看到了，也不是所有的机会都让我及时抓住了。但我作了尝试，试着时时刻刻去感受身边会发生的事情，并试着去推断出可能会发生的事情，而后抓住时机。

柏林墙的倒塌就是一个例子。推翻柏林墙对我这样一个当时45岁、而且对历史和地理极为感兴趣的人来说,是一个深刻的经历。在那之前,我这一代人,包括我自己,确信我们不再可能经历东西德统一了,这种确信看来是不可靠的。1989年11月9日,当电视晚间新闻里播出了边境开放的第一个报道时,我已经躺在床上睡着了。这个事件让我在睡梦中给耽误了。第二天早上我才听到这一新闻,看到人们翻越勃兰登堡大门旁边的柏林墙的画面。

事后有些自作聪明的人认为,开放边境和随后的东西德统一,是一个有着这样和那样的逻辑结果,这当然是胡说!有谁能在11月9号那天的傍晚预言,几小时之后柏林墙将会被推翻?没有人!就连晚间新闻的主持人汉斯·约阿希姆·弗里德里希在开始预报节目时也还是非常小心谨慎地说:"女士们、先生们,晚上好!我们得多加小心,以免在我们的用语中夸大其辞。但在今天晚上,请允许我们大胆地尝试这样说,今天11月9号将会载入历史史册——德意志民主共和国发出通告,边境即刻开放了,柏林墙的大门被打开了。"现场直播将镜头转向因瓦利德大街的边境关口,画面中,大门却紧闭着。

这是最清楚的例证,表明发展过程不是持续的,而是阶段性的。大事件不是一步步发生的,而是突然地、阶段性地发生的。一直看上去稳固的东西会显露出它松散的结构。原本是新闻发布会上的一段简短的、有点结巴的解说词,突然形成了一个自主发展的事件,带来了今天众所周知的后果。那是决定命运幸运的时刻:未发一枪就扭转了历史——这是绝无仅有的。

这也是第一个得到了周边国家一致同意的德国政治变

革。这个新的体验，也深深触动了我这个爱做历史性思考的人。接下来的几个月甚至几年里，我几乎只是在东德旅行，目的是为了认识这个虽是近在咫尺，但却如此陌生的土地。

向东部进军——dm成为多瑙河畔的君主

这一新的历史环境给我这个企业家提供了一个巨大的机遇和挑战：那里有上百万的消费者，而供给平平，甚至不足，况且好像没有实力相当的竞争对手？一夜之间，所有的商人都扑向了东部新的联邦地区！

当时，在短短的时间里，我们有能力为新增加的1800万人口供应商品，而并不影响我们的正常生意。这也显示了我们的实力，能提供众多的商品和服务，我们拥有的商品及相应的服务行业远远超出我们自己的需求。我们的企业能力当时就有盈余，所以能够马上大量地增加生产量。后来我提出的基本收入这一观点，也是受这种生产能力的影响。但当时我对这种观点还一无所知。我对政治和社会很感兴趣，但能做到的，也就是天天读报纸而已。我的注意力集中在我作为企业家的工作上。

我们在东德开的第一家分店位于萨勒河边的哈勒市，对此我还记忆犹新。1990年秋天，在刚刚实行货币联盟之后，我们开了一个面积不大的商店。我当然是亲临现场，在收银台旁边从早忙到晚。我一边观察，一边调度组织工作。我与顾客交谈，帮他们包装商品，将购物车收集到一起。我做一切服务性的工作，这些事情总是做不完的。我们获得了巨大的营业额，就像当年刚开始在卡尔斯鲁厄市开张时那样。这是我们的第二个创业时代。当时，这对所有人来说都是一件振奋人心的事。

接着，在捷克、斯洛文尼亚、匈牙利发展生意也突然间变得有意义了。世界开启了一个新的方向。过去，我们只是在德国和奥地利行动。刚开始时，我和一位来自阿尔萨斯的同事在法国开了一家分店，但时间不长，我们不得不关闭了这家店。这件事让我学到了重要的东西：采买购物有着不同文化的区别。至今为止，在法国没有日化卫生保健品超市，而这类商店在德国却被视作是理所当然的。在意大利也没有类似的超市商场，零售与当地文化息息相关。当年美国超市巨人沃尔玛想进军德国，收购了价值购物连锁店。几年之后，沃尔玛不得不放弃德国市场，原因是德国人不能接受美国式的购物文化。

现在我们把目光投向东部，那里的顾客对日化卫生保健品廉价超市这种形式至多只是在西部的电视里见过。他们会对我们的日化卫生保健品超市感兴趣吗？我们在奥地利获得了很大的成功，许多东欧国家历史上曾是奥地利帝国的结盟国家，我们就以奥地利为起点来发展这一新市场。

dm奥地利虽然从法律上来说是独立自营的，但自1980年以来一直与dm德国处于平行发展状态。1982年，我们共同拟定了企业哲学，两年以后，dm奥地利也成为行业里第一家引进扫描收款机的商业企业，1986年也开始供应阿尔那图拉的有机商品种类。但在20世纪80年代末，dm奥地利逐渐开始提供一系列不同寻常的服务项目，而德国没有这些服务项目。

促成这一发展的起因在于，20世纪80年代中期，十几个奥地利企业联合起来，共同描绘出"2000年奥地利商业远景"。我的奥地利dm的合作伙伴君特·鲍尔从中得到灵感，让他的同事起草了一份类似的文件——《2000年dm远景》，其中提出了一个核心问题："到2000年dm仅靠销售商品存活还是尽可能地提供其他服务？"

我们德国dm没有参与这一远景规划，但奥地利的同事们确信dm必须有一些服务性的项目，如理发、美容、美甲等。这样，dm奥地利在因斯布鲁克一家商店作试点，开启一个服务项目叫作健康歇息：在小吃柜台提供新鲜沙拉或熟食，麦片或加了馅的有机小面包，鲜榨果汁以及其他新鲜加工的产品，所有的食品都是当季的时令产品，而且尽可能来自有机种植地区。

不久，dm奥地利又成立了第一批带有三到四个小隔间的dm美容沙龙。又过了两年，出现了第一家dm理发沙龙，有六至八个位子。今天，dm奥地利拥有200家理发沙龙，是奥地利最大的理发连锁店；它还拥有110家美容沙龙，也是奥地利最大的美容连锁店。健康歇息这一服务项目，其发展虽然不是那么多样化，但基本上有着同样的成就。其针对的对象是一些很有个性、年轻、收入又不错的顾客群，他们对餐饮的要求是既要健康，又要快捷简便。目前健康歇息在30个dm分店设有柜台。在德国，有一段时间我们也试着提供这些服务项目，但顾客对这些项目不大接受，所以我们也就放弃了这些战略措施。

1993年起，经过细致的准备工作，dm奥地利在捷克共和国、匈牙利、斯洛文尼亚、斯洛伐克和克罗地亚开了第一批分店。接下来又在塞尔维亚、波黑、罗马尼亚、保加利亚和马其顿也开了分店。从这些开分店的国家的地形上看，我们有时候开玩笑说："dm是多瑙河君主的缩写。"[1]尽管奥地利那边这期间在10个东欧国家陆陆续续地建立了dm连锁店，但在提供服务项目方面只有奥地利的dm做得不错。

涉足未知的领域

在企业宣传资料上，一般讲述的都是由天才之手创造出成功的故事。现实中却是另一回事。就是一位经验丰富的骑手，也会无数次地从马背上摔下来。一个从整体看上去成果辉煌的企业在其发展中也会有过无数次的失策。

我也同样，曾经几次涉足未知的水域，结果只是让自己长了见识，丰富了经验。作为企业家经常会得到一些听上去很吸引人的建议，比起现在经营的事，还有某某事可以挣到更多的钱，这有点像渔夫和他的妻子[2]。只要您上了成功人士的名单，就会有人过来游说：你要是把钱投资在这或那，你会取得更大的成功，你将得到20%的回报，而不是现在卖牙膏杂货得到的1.5%的回报。有那么一些人，不干别的，整天就会去游说别人在别处投资能挣到更多的钱。

例如，20世纪80代，有个咨询家认为，投资制造全

---

[1]多瑙河君主Donau-Monarchie首字母组合为dm。——译者注
[2]出自《格林童话》的故事。——译者注

毛罗登缩绒厚呢毛的工厂有前途。我非常喜欢这种呢料，它自然生态，却又像许多化纤布料一样结实耐用。于是，我将我们在奥地利公司获得的利润投入了一家蒂罗尔罗登呢制造厂。几年以后，出现了一场国际范围内的罗登呢危机，我的钱也就打了水漂。

还有一个类似的例子：我曾投资参与了一家眼镜专卖店。是朋友给我出的这个主意，认为眼镜市场正在发展变化，如果开眼镜超市，为顾客提供便宜的眼镜，会获得成功。今天的眼镜市场领头人是费尔曼连锁店，在当时，费尔曼的业绩正在直线上升。我的合作伙伴认为，我们能做得更好。我非常信任他。但时间不久，我发现这种生意并没有前途。我便将我的股份又回卖给了合作团体。无论如何，这种投资方式教训深刻，让我学到了一点：人最好在自己了解和有把握的领域里投资。正像一句谚语说的：鞋匠，别离开你的楦子。

以前我就想到过，我最初的办企业的计划中还有一部分计划没有实现，现在必须迈出这一步。我的这个计划产生于1973年，那时，我还在伊德罗公司工作。计划的核心内容是在劳特日化卫生保健品公司形成的，当时劳特日化卫生保健品公司有各种部门，其中有一个艺术绘画手工部门，经营得还算成功。我当时就曾思考过，如何能将这个部门以特许经营的方式独立出来，让它继续发展。我的建议在伊德罗公司没人理睬，在我想办自己的公司之初，曾犹豫了很久：日化卫生保健品商店和艺术商店我该去做哪一个呢？后来约定价格的政策取消了，我那时就想清楚了，要想办日化卫生保健品公司，现在时机成熟了，得马上去干这项工作。就这样,我成立了dm公司,而艺术商店这个想法也就搁浅了。

现在大约10年过去了,dm公司也站稳了脚跟。作为一个积极热情的企业领导人,我现在有兴趣、也有能力实现第二个企业计划。这样,我们成立了"创意"公司。1980年,我们在明兴格拉德巴赫市开了第一家创意分店,随后在整个德国陆陆续续开了更多的分店。但公司经营得不是很理想,我自己只能监管个别的事,因为我在dm忙得脱不开身。我必须相信我的伙伴能让公司运转起来,但几年后公司的经营还是不温不火,我最后让公司经理离开另寻炉灶。现在"创意"公司由一家很负责任的家族企业来经营,从此成为创作领域里的领头商家。

这说明我的企业生涯并不是只有成功的光环。dm之外我也作了不少努力和尝试,最后又放弃了。可我就是想试试各种不同的路,而渴求去尝试会使人获得必要的经验,即我们可以知道哪条路是错的。

现在回过头来看,尝试去在dm之外开这些公司,这也说明了我有些自负,过高地估计了自己:我取得了成功,就想着我能做一切,至少能做得更多。万幸的是,过了不久我就看清了自己,给自己打了预防针,避免再犯此类的错误。

"这下轮到你了!去做吧!"

新闻记者总喜欢提一些有关破产、倒霉、失败的问题。遗憾,我常常让他们失望。在我这里没什么能引起轰动的失败事件可供他们拿去报道。也可能有不少经理打听，谁曾经不喜欢我？我曾在何处受到过责难？我曾在何处被解雇？但一个企业家的本性使他不会去长期抓着这些事情不放。企业家关注的总是未来的潜力和可能性，而不是纠结于错误。每个人自己都知道，他办错了什么事。人将自己的失败作为经验，作为学费，作为错误放在一边。只要失败和错误的问题从根本上对我来说不是很重要，我就不会去特意寻找错误，否则的话这会导致倒退。与之相反，我自觉地向前看，寻找未来的答案。

经常会有人问我，是否在今天我还会跟过去一样，再去用同样的方法做同样的事。但愿不一样，我答道。聪明人总是犯新错误，而愚蠢的人总是犯同样的错误。我们所做的一切都是不完美的，一旦我完成了一项任务，我就知道，下次我能如何完成得更好。

错误是难免的，没错，甚至错误是必要的。错误是具有建设性的，它纠正我，为我指出正确的道路。这就像人撞在墙角上，每当我在哪里碰撞了一下，我就会缩回来，回到正确的道路上来。如果人用轮回和因果报应的理念去观察世界，让自己的眼光超越当下的生命，那在我们的生命里就会有无数的任务等着我们去完成。如果您不再把死看作是终结，而生也不再是开始，而是物质的转变过程，那么您将不会再无休无止地抱怨生活对您的不公平，而是珍惜您所遇到的一切。这样，一切都蕴藏着意义，即便这种意义或许一时不能为您所领悟，随着时间的推移，你会显现出一种感恩之心，会感恩今天所发生的一切，而这一切在未来有其结果。这样，过去发生的事情在一种新的关联中构成了新的任务。我们的每一项任务，不论合不合我们的意，无论我们喜欢不喜欢，它都是自己生命的一部分："这下轮到你了！去做吧！"这样的想法能使生活变得很轻松。在体育运动中，我们能够学会许多对待错误和失败的方法。我们这次失败了，说明我们努力训练得还不够。也许有人去年划船速度很快，而你今年却超过了他。在青少年时代，随着年龄的增长，人变得越来越有力气，作为成年人也是这样，这次没能获胜，说不定下次就会成功。训练、练习、努力、坚持不懈地努力。

说说划船，例如您要划2000米的距离，站在起点眺望终点，您脑海里冒出这样的念头：这个目标我绝对达不到！如果您后来战胜了自己，这就是一种超越界限的经历。随着年龄的增长，这种经历越多，人对自己就越有把握：前面每次您都闯过来了，这次您绝对也能做到。

在这一点上，我年轻时代运动竞赛的经验和经营企业的素质得到了相互结合。我没有遇到一筹莫展的困境，车到山前必有路，无论怎样你都总会找到一条出路。而不具备企业经营素质的人，就会半途而废。

也许正是这种运动和企业经营的基本行为的准则使我避免了重大危机。我们dm一直持续向前发展，没有经历什么重大的挫折——因为我们非常机智地应对变化。一个敏感的人在开车时，坐在车里的人根本觉察不到车在转弯或是正在穿越危险的路段。只有当司机有时放松了警惕，不再集中精力开车时，才会出现紧急刹车的情况，造成令人不安的局面。这类故事，常常可以在报纸上看到。而dm的发展历史，基本上是平平稳稳的，很少有大的起伏。我们大家一直都保持着清醒的状态，要是其中一人精神涣散，其他人会警觉。这是一种正常的清醒的企业精神状态。

沉着镇定：正常的企业精神状态

我着眼于当前，即此时此地。所以，当人们一再向我提出这个问题：您对未来远景有什么看法？我对此没有多少可回答的。这个问题根本就没有问到点子上。我们必须提出的问题是：我们的机构组织如何拥有学习新东西的能力？如果有了新的变化，我们怎样能够去适应新的东西？未来事件的发生常常是出人意料的，不仅未来的国际大事件是如此，例如东西德的统一，而且小企业以及个人的未来也都是如此。

因此，正确的问题不是问"我们对未来远景有什么设想"，而是问"我们是否准备好了，能对未来将要发生的一切作出正确的反应"，这就是领导者的任务。要想把握未来，其根本不在于去发展合适的远景，而是要发展应对生活变化的强大能力。

我们在为dm订租房合同时，最理想的租期是10年，另外再加上三次延长租期各5年的可能性条款。这样，租期可达25年，而且我们从一开始就签订这样的租约。其他商业企业业主听后会睁大眼睛望着我说："我的天，您怎么能在这样的租约上签字？"回答当然是很清楚的，我们也不知道，在20、21、22年后将会发生什么事。但我们知道，我们作好了这种准备，我们自信就是在20、21、22年以后也能对今天无人预知的新的处境作出反应。这就是一个不断训练保持创新的企业拥有的自信。我们签订25年的租约，因为25年后，我们依然有能力去履行租约，履行我们的义务，理智地从事我们的事业。到那时我们会有新的目标。东西德统一就是最好的例证，当时若有人想知道5年后dm的处境，我可以这样回答：提出这种问题的人不读报纸！

人们追求安全感。如果我们在1988年时就说，3年后我们将在莱比锡、德累斯顿、罗斯托克开店，那么您可以想象一下，所有的人都会说，我们是异想天开。或反过来说，您可设想一下，我们若是在1989年制定了一个未来两年的计划，那么到了年底，它就会成为一张废纸，或者说，我们的准备脱离了现实。确实有一些企业，在东西德统一两年后，仍没有涉足统一后东部的新区域。东德不在他们的战略计划里，所以在那里没有开新厂。

销售额是顾客的掌声

媒体除了喜欢打探破产、倒霉、失败的事，还喜欢提一些极端的问题，喜欢得到明白清晰的答案。有一次，一位记者问我："在您平步青云的职业生涯中，哪一个决定起了至关重要的作用？"这个问题尽管貌似一个随手拈来的问题，但它却是一个复杂的问题。

有些企业家让人记录下他这样的看法："就是因为我做了甲这件事，所以在乙这件事上就获得了成功。"实际上生活中的事情并不是这样简单，这样一目了然。时常是我们并没有为某个目标去努力，但却达到了它。就像哥伦布出发去印度,却发现了美洲一样。或者,我们确切地认识到,追求目标的过程比目标本身更吸引人。在去巴黎的路上,我们路过派纳市和帕滕森市,到了帕德博恩市后,我们确定在这儿生活也会很不错。在我的生命历程中,我从未经历过这样的处境,它让我当时觉得,我正在做一件有里程碑意义的事。我总是在事后回顾自己走过的路时才发现,我在这一时期或那一时期大概处在人生的十字路口上。然而,我当时真的还有另一条路可走吗?在现今这个时代,对于一个个体的人来说,在大多数情况下往往只有一条路可走。

在我成功的职业生涯中,哪一项决定起了关键性的作用?

我们首先得搞清楚,到底什么叫作成功的职业生涯?大多数人认为,在职业中荣升为领导阶层的一员,就是成功的职业生涯。这么看来,那我在成立dm公司的那一天,就达到了我职业的顶峰,因为从那以后,我就再没有上升的余地了,我的地位一直保持不变。但实际上,我一直没有停止自身的发展,所以在这个意义上,我还是"青云直上"了。

成功的职业生涯,这个词的本意是借用了拉丁文的"carrus",车辆,也即行车道、生活之路的意思。在生活的道路上,我们尽最大努力去做的是不偏离正道。同时,我们还应该努力不断地完成出现在我们生活之路上的任务。如果我在做一件事时,心里想做的其实是另一件事(例如升官进入统治阶层),那么,我手上的这件事很可能做得就不是很好。只有当我全神贯注,将自己真正地融入工作中,并作出了最佳努力,这时才能呈现出好的结果。

在我所做的一切事情中,呈现出来的唯一重要的问题是:我所做的事情有意义吗?而不是去问,我为此会得到报酬吗?我会得到提升吗?

从这方面讲,我在我的生活道路上作出的最重要的决定是,我一直只做那些自己能全身心投入的工作,能展示真实自我的工作。许多人处于矛盾的状态之中,他们尝试着同时走两条路。一方面,他们做着他们必须做的事;另一方面,他们做着他们想做的事。他们把这区分为工作时间和业余时间。工作是强迫的,业余是自由的。在工作时间里,我听从他人的指令;在业余时间里,我可以自由自在地决定我想做的事。在工作中去重新发现自我决定权,就是向自由迈出了一大步。

不知在什么时候,当我发现了"基本收入"这个概念时,我认识到,我们实际上可以让人们拥有一份基本收入,但是我们拒绝这么做,这实际上是对人的伤害。在我的内心深处,我非常感激自己所一贯拥有的那份自信,这种自信使我一直能成功地完成自己的工作,使他人愿意为我付钱。顾客不去别处购物,而是在dm购买他们需要的商品,这用一句话来形容就是:销售额是顾客给予的掌声。雇员们来dm工作,显然,他们觉得值得在这个企业工作,值得为这个企业工作。

重要的一课:做了四周的母亲

在我们家,我们采取传统的角色分工的形式。我夫人贝阿缇丝在家里照顾七个孩子，任务繁重；我把很多时间和能量投入在dm工作上，没有时间再去搞业余爱好，那对我是一种奢侈。除此之外，如果我能给我夫人一点帮助，使她能有点自己的自由时间和空间，她会对此很感激。这样，有一次，我一个人四个星期单独跟孩子们在一起，那对我是一次特殊的自我体验。许多男士想，干家务活、看管孩子是一件随手可完成的轻松的事。可那时我很快就发现，孩子一刻也不会让你清闲。在办公室里，我可以毫无麻烦地告诉他人，我想在一个小时之内不受打扰，那在一个小时内就不会有人来打扰我。早上走进办公室，我昨天晚上放在办公桌上的铅笔还丝毫未动地放在老地方。但跟孩子在一起，就不是这么回事了。当时，两个大孩子柯内莉亚和克里斯多夫已经离家在外生活，家里只剩下五个孩子：贝蒂娜十二岁，米夏艾娜七岁，约翰娜五岁，索尼亚三岁，最小的马蒂亚斯还在襁褓中。

　　感谢我夫人不在家的这段时间，这真给我上了一课：作为母亲，你得时时刻刻亲临现场，总有事情发生，一个孩子满意了，另一个孩子又有问题。事情接连不断，你防不胜防。你不可能将什么事放下不做或推到明天去做。没有什么订好的计划让你去做，完成计划后拍拍肩膀说，一切都干得不错。这些方法在此都行不通。当妈妈的永远停不下来。开始时我给自己准备了一大摞书放在一边，想静静地读读书，这可是一个天大的误会。当我夫人回来时，我的书还一本都未打开过，更别提读了。这四个星期让我对所有母亲的工作产生了极大的敬佩。

　　从此，我也能理解那些母亲想重新返回职场的愿望。

她们想重新掌控自己的生活,在团体中工作。在家里,一切都靠我自己,孩子们不断地让你认识到,你根本是不完美的。在社会团体中,我有超越我自身的可能性,这跟在家不同,我的工作会得到众多的肯定和赞赏。所以,许多母亲试图重新返回职场。

后来,在狂欢节假期期间,我总是带上孩子们去瑞士伯尔尼高原地区滑雪。这期间我夫人有一周时间独处。而对我和孩子们来说,这种度假是美妙的探险活动。我允许孩子们带上他们的朋友,这样我们有时像一个大部落在旅行。早上我们早早地就启程,以便我们能有一整天的滑雪时间。无论是滑蓝雪道、红雪道还是黑雪道,大家乐趣无穷。而除了滑雪之外,我们过着近乎斯巴达式的简朴的生活。整理东西和打扫卫生,这些活对我来说不难,但做饭我就不行了。所以只能给孩子们吃面包夹香肠、奶酪等简单的食品。回到家后,孩子们就知道了,妈妈做的美味饭菜有多珍贵。

在家中环绕房屋的花园里干活,我尽自己最大努力去做,但对此我倒没有什么特别的雄心。参加家里共同举行的音乐会,也给我带来了极大的乐趣,我们全家非常喜欢家庭音乐这种活动。当其他人有时讲起他们的业余爱好时,我总是马上打断这个话题。当有人议论起形形色色的媒体报道的最新八卦时,我也插不上话。我从来没有多余的时间看电视,偶尔在旅馆房间里打开电视,我会惊讶有那么多的节目,但其中并没有哪个节目能影响我的生活。

我的职业和业余时间总是合为一体的。有一次,我和两个大孩子沿着摩色河骑自行车旅行。对我来说,我无疑

第八章 机智沉着或 如何在耽误了一件重要事情的情况下还能把握事态的发展

要在途中路过拜访一下特立尔和科布伦茨市的dm分店。把有乐趣的事和实用的事相结合。在科布伦茨，我们的一辆自行车的车胎爆了。这样，我们毫不犹豫地推着车找到距离最近的一家dm店，在那里补了轮胎，这家dm店马上就变成了自行车修理行！

克里斯多夫还小的时候，我每天接送他去幼儿园。在扫描收银机研制阶段，我们在艾特林根dm分店安装了机子搞试点，我在卡尔斯鲁厄领导艾特林根的试点工作。每天在接孩子回家的路上，我和克里斯多夫路过分店，取钱匣子送到银行。您可能根本想象不到，用这个钱匣子能奏出多美妙的音乐，能给一个小孩带来多大的乐趣！

有一天，我忘记幼儿园已经放假了。大清早，我们站在幼儿园关闭的门前不知所措。我该怎么办？我带着孩子径直去了位于卡-麦茨大街的办公室。时间不长，孩子就感到十分无聊。我突然想起来，我们公司的邻居就是麦茨机械制造厂，我们公司总部的灭火器就是他们生产的。这肯定能吸引小孩子！我马上决定过去看看。我拉着克里斯多夫的手带他过去，果然我们得到参观工厂的允许。真不知道，我俩谁玩得更高兴。麦茨机械制造厂当时在制造世界上最大的消防车，包括在法兰克福机场用的消防车。消防救护筐挂在高达53米的液压升降梯上，小小的克里斯多夫惊奇地站在下面观望，而我一直爬到了升降梯的顶端。

用横笛吹出生平传记

就这样，职业和业余爱好对我而言一直是合二为一的事。因此，我将工作时间和业余时间这两个概念从我的词汇表中删去，而用生活时间这个词来代替。谁要是把业余爱好当成了他的职业，就再也不必去上班了。无论是工作时间还是业余时间——他总归是人，总归是同一个人。不然的话那种分裂的状态会使我们质疑：为什么我们应该自由地选举政府，可以去开车，可以按照我们的理想去教育孩子，可以做我们想做的其他事情；但等我们出去上班，就得将我们的个体性和个人意见寄放在公司之外，只是做一个命令的接收者。这是相互矛盾的。我不想让我自己，也不想让世界上的任何一个人处于这种分裂状态。

我们为什么要工作？绝大多数人很少思考这个问题，而他们一辈子大部分时间都是在工作中度过的。有些人抱怨：我生来可不是为了工作的！那么是为了什么呢？在思考和探讨这个问题时，又是人智学给了我许多重要的启发和动力。通过海尔姆特•吉•滕•西特豪夫，我发现了人智学的人生传记工作，运用这个观念的先行者是我已经提到过的心理学家和机构组织策划家贝尔纳德•利维格德。他将自传式的谈话方式作为各种治疗方式的组成部分。

在荷兰他有一个治疗教育学院，也即荷兰教育学院，简称NPI。在学院里，他继续系统地完善生平传记工作。就像词义本身表达的那样，此方法的核心内容涉及一个人的"发展",人在寻找、找到和克服阻力障碍的过程中得到发展。我们在生活中遇到障碍,或不能接受某种现成的处境,因为我们身处在这种处境中看不到未来的希望。在这种具有建设性的、不满意的状态中,阻力变成了发展机会。本来的问题突然变身为"发展的助手"。人们抛弃了对未来的未知世界的恐惧,貌似空虚的内心世界转化成为一个开放的空间,我们能够坚定勇敢地踏入这个空间,继续我们的生命之路。作为"成长着的"、自身发展着的人,我们必须不断地对自己提出疑问,弃旧图新。

人需要时间和平静的内心来反思自己,来思考自己的道路和自己的职业生涯。尤其是在生活的转折点这样的危急时刻,我们若是对它有清醒的认识,就有力量走出困境。通过观察自己的生活轨迹,我们能够认识到自身发展的道路,发现自己生活的主题和目标,训练将自己的生活融入周围大环境中的洞察力。

人生传记工作意味着自主创建个人发展道路,练习自我教育。与此同时,人也要关注研究自己的性格。我是一个感情冲动、意志坚强的人,决定要做的事一定要做出结果来。当企业处于创业的阶段时,我的这种性格显示出很大的优点。但在这些年,我也必须学会尽量收敛自己,不要冒犯别人。这样,我也一直在改变我自己。

2011年8月,单口相声演员托比亚斯·比克莱邀请我参加他在康斯坦茨举办的舞台表演,他请我像其他嘉宾一样表演一个音乐节目。孩童时代,我学过竖笛。36岁那年,已当了企业家的我有一天立下了志愿，我是一个观点明确、意志强大的人，我得学会敞开自己的心扉。因此，我想有意识地通过音乐来使自己的感情方面得到陶冶。吹竖笛让我觉得不是很酷。在寻找某种适合我的乐器时，我想起来当年去上音乐课时，每次我都看到，在我之前上课的一个学生学的是横笛。我挺喜欢横笛的，于是我就买了一支横笛，开始上课，并坚持练习。当然，这对我们全家人的耳朵来说，并不是一种享受。后来，我经常与我的夫人一起演奏，她也吹横笛。比如，我俩常常一起吹笛子来哄着我们的女儿贝蒂娜入睡。那情景很甜蜜，女儿说："你们该吹笛子了，不然的话我就睡不着了。"

在我们的家庭音乐会上，我有时也吹吹横笛，但要是在众多观众面前表演，我还真感到有些没把握。我找出一支我已经练得半熟了的亨德尔的曲子开始练习。时间过得飞快，眼看就要到做客登台表演的时间了，而我还不能熟练地掌握曲子。我夫人提醒我，我自己折磨自己，一切无济于事。我吹出的声音尖锐刺耳难以忍受。这时贝阿缇丝想出了一个绝妙的主意，她说，我的口哨吹得那么好，我也用不着专门去练习，因为我不管走到哪里，总喜欢嘴里吹着一支小曲。原则上我能将贝多芬的交响曲全部吹出来。我觉得这个主意不错。况且我要是登台表演吹笛，可能会出现丢人现眼的局面。就这样，我拿起乐谱，接着练习吹口哨。

登台的日子到来了。托比亚斯·比克莱用钢琴给客人伴奏，在他坐下之前，他请我拿出横笛，"噢"，我说，"我把带横笛的事忘得一干二净。"我事前有意没告诉他，怕他又会冒出让我吹横笛的想法。此时，比克莱得即兴救场："嗯，那我们能做点什么？"他或许希望后台能尽快从哪儿找到一只横笛。我装作好像刚刚冒出了一个主意，马上说："我可以吹口哨！"我们就这样做了，我得救了。表演完美，获得了小小的成功，至今人们甚至还可以在Youtube上看到这段表演。

"领导员工"意味着让他们有展示能力的可能性，其目的始终是企业家式的、自我负责式的行动。

——莱因哈特·克·施普伦格

第九章　对话式的领导方法
或 我如何最终学会去观察，停止给员工发号施令

在dm多年的发展中，学习的过程不是持续不断的，而是跳跃式的。往往是事后我们才能看清楚，我们刚刚又学到了重要的东西或又作了一步重要的改进。因此，我们总是在事后回顾时，才运用dm发展这种理念。在与海尔姆特·吉·滕·西特豪夫一起对我们的企业文化进行反思时，我们第一次碰到了"充满活力的机构组织发展的三个阶段"这个学说。这一理论是由贝尔纳德·利维格德在他的荷兰教育学院发展出来的。按照这一理论，企业的发展以创立阶段起始，然后进入分化阶段，最后又达到整合阶段。

在创立阶段，成功与否一切都取决于企业家本人，

第九章 对话式的领导方法 或 我如何最终学会去观察，停止给员工发号施令

企业家像是一个万事通，四处忙碌奔走，用他的魅力控制着混乱的局面。20世纪70年代的dm就是这样的情况，完全是由我一人掌控着。后来随着公司发展壮大，我开始将任务和责任交给了别人，成立了由专业人员管理的特殊部门。这些专业人员比我知道得更多更清楚。这种局势发展是在20世纪80年代，那时，我们正处于分化阶段的模棱两可的状态中。一方面，我们有必要成立掌握专业知识的专业部门，但另一方面，我们这样做又存在着危险，这种刚刚适应的体制结构会迅速变得僵化。一切都就绪了之后，我们也就被囚禁在劳动分工的形式中。员工们只是对这项工作负责，而不管别的工作。他们的视野会变得狭窄，仅仅局限在自己特有的工作范围内，对他责任范围之外的工作不闻不问，也不去做。许多企业达到这个发展阶段以后，便再也不能超越这个阶段。这时，有远景规划的创业者会感到能力有限，在庞大的体制中不再会感到得心应手，不再能眼观全局。员工们会固守在自己的岗位上，相互合作变成了相互竞争。团体精神分裂为只为部门着想。人们大多会采用调整结构的方法来解决这个问题，破除旧的结构，建立新的结构。这种方法并不明智，基本原则并没有变，如老酒装在新瓶子里。各个部门所想、所做都还是自顾自的，没有新的企业合作精神，掌舵人此时会在航行中陷入困境。

dm也曾陷入这种状态。公司按我们的计划增长壮大。1973年，我开始成立公司时，我不是只开一个店，而是开了第一批商店。开始时我还亲自掌握全局，事无巨细地亲自过问。当dm的新店不断增加时，我们很快发现了

问题：如何来领导这样一个企业。开第2个店和开第20个店，我们做的工作都没有差别。20世纪70年代末，当我们扩大到30或40个分店时，问题就清楚了，我们不能自己独立回答如何领导的问题了。这样，海尔姆特•吉•滕•西特豪夫介入了我们公司。而且，与我们合作的营销专家也一再向我们提出重要的问题，迫使我们去反思，例如：你们的公司是如何运转的？你们为什么做这件或那件事？你们如何与顾客沟通、与员工交流？

这说明，对我们的行为作出思考，对我们的组织机构和领导艺术进行反思，从一开始就是我们企业发展的重要组成部分。回顾我们的发展，可以用几句话作出总结，但在实际生活中，这种发展是一个艰难琐碎的过程。正像上学的过程，从上学第一天到从学校毕业的年岁里，人必须一天一天、一节课一节课地度过。

例如，20世纪80年代初期，我们举办了第一批领导讲座。在讲座中，大家做一些小小的练习，将同事和上级领导之间时而发生的紧张关系呈现出来。有一次，参加讲座的人应该用表演的方式将区域领导和分店领导之间的关系表现出来。年轻自信的埃里希•哈尔施参加的那个小组进行表演，房间灯光暗了下来，扩音器里响起经典美国西部片音乐《为我奏一曲死亡之歌》。这时，区域领导约尼•康特罗勒蒂身穿皮大衣，手拿棍棒登上舞台，而分店领导跪在他面前，来回在地上滑动。这是用表演的方式来明确地反抗现实中上下级之间不和谐的关系。

事实上，我们有大量的问题。并不是说我们公司整体上有问题，在经济上，dm企业一直经营得不错。但在局部上，有个别同事的问题不小。区域领导独自决定一切，被称为"老大"。他与同事会面，不是在一起讨论问题，共同作出决定，而是给别人传达他自己作出的决定。每一位区域领导大约管理7个分店，随着公司的发展，我们需要越来越多的区域负责人。就是由区域领导参加的解决小问题的区域会议不久也变成了由15个或更多人组成的会议。总有人缺席会议，或有人生病，或有人休假。在会上，总会有人传点儿来自其他区域的消息，把局面弄得很混乱。这样，我们又增加了一个领导层，设立了地区销售领导。

我们的企业越大，局面就越复杂。有时会发生这样的事情，分店负责人今天从他的区域领导得到了指示A，可明天又从总部得到了指示B，第三天又从地区领导那里得到了指示C。当我们发展到350个分店时，问题十分明确，公司领导人不再可能做到每年多次拜访每一个分店。这时产生出来的迫切问题是：我们如何在继续发展壮大中把握全局，而不必将领导层次继续无休止地往上增加？

另外还有其他的细化过程。对讲究的美容组，我们在总部设立了一个美容咨询部门，部门女员工到各分店巡回，在当地提供帮助和咨询。但很快他们从咨询员变成了监督员。那状况就像歌德的《魔法师的弟子》里所讲的那样："我召唤来的鬼魂，现在却无法将它赶走。"一切都越分越细，变得越来越复杂。每次解决问题的方法都使局面变得更难把握。公司在不断扩大，这就迫使我们紧迫地思考组织结构问题。

在过去的10年里，我们已经着手于解决领导问题。1982年，我们在策尔湖畔的策尔市构建出了企业哲学。我们提出了如何看待人的问题；我们思考了一个社会有机体的合法性问题。但我们的中心思想还是老主张，一个企业的结构是上下级统治关系：上面思考，下面执行。所以我们只是在总部思考领导问题，将我们的思想不断完美化，然后试图将这些完美的认知在所有的分店共同贯彻执行。我们想一切同步，尽可能共同运转，从中心进行控制。在一定程度上，我们讨论领导问题时运用了海尔姆特·吉·滕·西特豪夫的思想，以便使这种同步性搞得更好，每一个店看起来相同。我们所想的和我们所做的之间形成了巨大的差异，原因在于，控制和统一这种愿望实现的前提是命令和服从。相反，自主行动意味着不再稳定可靠，不再有统一行动，存在着危机。

同一性的幻想

在企业中能做到一切整齐划一，是我们的幻想。我们忘了一个事实，从物质结构上就没有统一的前提条件，因为我们没有众多相同的分店，比如各商店的平面图、长度、宽度、售货面积等等——这一切都是各种各样的。我们没有相同的分店，却有追求统一的奢望。不仅各分店不同，而且，员工也是各种各样的，当然顾客也如此。还有各分店的营业额和竞争关系也有很大差别。人们会认为：哪里卖的东西都一样，同样的商品、同样的价格，宣传广告也一样，付的工资也是一样，等等。但是我们生活在幻想中，现实情况却完全是另一回事。

一方面，在我们的想象中，所有的分店业务是亦步亦趋地在运行,完全一致,就像是重复生产同样的东西;另一方面,我们在领导会议中制定出的理念,要建构这样的企业,让每一个个体在整体中能够发挥自己的聪明才智。我们得在两者之间搭起一座连接的桥梁,但这个桥梁却是摇摇欲坠、不稳固的。

从1987年起,我们感觉到,我们的发展速度不再像以前那样迅速,企业停滞不前,无论是在销售额的发展趋势上,还是在商店面积的变化中,我们都能看出这一点。我们当时关闭的分店比新开的分店要多。

我们的行为类似于伽利略·伽利莱身边的那些学者,他们拒绝通过天文望远镜观察伽利略让他们去观看的、环绕着遥远的星球运转着的卫星。卫星证明了地球不是一切星球的中心。可那些学者们研究了多年,认为自己无所不知,伽利略展示给他们的现实不符合他们对现实的想象,所以他们去推论伽利略如何得出错误结论,而不去睁开眼睛认清事实。

我们越是观察事实,看清现实情况,就越不能否认这一事实:我们认为一切要步调一致的设想只是幻想。

这期间,在培训领导的过程中,我们进行了诸多感知训练,这种训练起到了很好的作用。后来在20世纪90年代下半期,我们将这种感知练习专业化,每年抽出几天时间与艺术史教授米歇尔·博克米尔做一次旅行。我们曾经去过伦敦、阿姆斯特丹、魏玛和其他许多文化圣地。

我记忆犹新的旅行是去佛罗伦萨,在那里,我们深入探讨了米开朗基罗的作品。在戴尔学院的画廊里,我们站在大卫雕像前,博克米尔教授解释说:"典型的游客在参观蒙娜丽莎时会花8秒钟时间观看蒙娜丽莎。你们现在的作业是,花30分钟观看大卫,大家不许说话。"

您可以想象,30分钟内只允许观看一个艺术作品,那时间该有多长。不知过了多久,我们听到了不知是谁的脚下发出了响声。感觉过了一段好漫长的时间,或许事实上也就过了10分钟,这时,博克米尔教授忍不住说:"我虽然说让大家不要讲话,但我并没有说大家不能走动。"

于是大家就开始积极地围着雕像转。你看,突然间有了一些新的发现,半个小时的时间流逝得飞快。后来我们从这件事得出经验,固守在一个地点与从各个不同的方面去共同观察事情是有区别的。

学习观察

这就是我们在20世纪80年代末、90年代初的处境,我们在学习观察。在那之前,我们眼中只有理想的日化卫生保健品商店模式,甚至还为此搞出计划。但在现实中并不存在这种理想模式,一个也没有,每一个店都会有不同之处。

我们开始对这种追求绝对统一的要求提出疑问。为什么应该处处一致呢?反正顾客看到的只是一个分店!没有哪个顾客的行为会像企业领导一样,没有哪个顾客会去观看多家分店。就是有人去看了,也只会注意到商品,而不是注意货架。他只是在他附近的dm分店采购商品,仅此而已。如果他在斯图加特的分店买东西,那么,在康斯坦茨的分店里发生了什么事,对他来说完全是无关紧要的。

第九章 对话式的领导方法 或 我如何最终学会去观察，停止给员工发号施令

如果一位顾客向我抱怨康斯坦茨分店的什么事，我不可能告诉他，他应该去斯图加特或特里尔的店买东西，那里不会发生这种事，等等。这是无济于事的——日化卫生保健品经营是有地域性的，我们必须想到这一点！

从感知得出确切的结论，我们不能再这样下去了。变革的想法已经非常成熟，只是在等待那瓜熟蒂落的时刻。

我在艾特林根分店有过一次难忘的经历，让我从中得到了教训。我们当时出售来自灰色市场的香水和美容用品。来自灰色市场就是指这些商品不是通过正常的贸易渠道进的货，因为这些高档香水和传统美容产品的生产商只给他们的代理商提供货源。我们这些日化卫生保健品平价超市也想出售这些商品，但要以便宜的价格出售，所以生产商不会给我们供货。有一段时间，我们采取重新进口的方式搞到了这些商品。我们在国外以便宜的价格购买到了这些商品，进口到德国，在德国再销售这些产品。这虽然是合法的，但生产商并不喜欢企业这样做。这种方法至今还存在。但没过多久，我们停止了这种走灰色市场进货的方法。因为这样做没什么意思，没必要跟那些不想给你供货的供货商进行合作。生活中其他领域无不是这样：如果同伴不情愿了，那你就应该在某个时刻放手。

当时我们用这种方法进货，供应一小批精致、吸引人的高档品种。我们破例用一个柜台将这些商品隔离开，使顾客不能自己动手拿取这些商品。在一次拜访艾特林根分店时，我和一位女员工站在这个柜台前面谈话，我轻轻地靠在柜台上，我发现我的重力使柜台慢慢地向后面货架的方向移动。我对分店店长开玩笑说，"这样不错呀，只要

有人靠得时间够长，就能抓到货架上的商品。"

女店长觉得这并不是一件开玩笑的事儿，她说："是的，常常发生这样的情况。"显然有些顾客通过这种方式自己去拿商品。我觉得惊奇，因此反问："那您为什么不将柜台固定死呢？"

女店长有点忧伤地望着我说："我该怎么办呢？我四周前就已经给区域领导反映过这个情况，但他至今还没时间来管这件事。"

在这一刻，我明白过来了：分店领导知道问题在哪儿，但问题得不到解决，因为问题搁置在上下等级领导层的某一环。实际上，将柜台重新固定好并不是个问题，就是对分店领导来说，也是举手之劳。要是在家里，她或许会在几分钟之内从地下室取出工具箱，将螺丝钉拧紧。但在店里，她认为这类工作她不能随便去做，这是区域领导的任务，领导要发指令。这种状况必须得到改变！

自主判定，自主负责

这一情况给了我清醒的一击：无论什么样的事情，我们都必须让每个分店的领导担负起领导分店的责任。他们必须自己担当起责任，要能感受到事情取决于他们的工作。这表明，我们必须改变我们的整个组织结构。

在过去几年里，虽然我们已经往这个方向去努力了，但靠在滑动的柜台上短短的几分钟成为了dm小小革新的开端，这并不是一种真正的新策略，而是我们过去几年所想所做的合乎逻辑的发展结果。就像成熟了的苹果会从树上落下来一样。可现在，要改变的是整个体系，我们重新组建机构组织，使领导文化向新的方向发展。我们开始了改革，不久我们把新的方法称为"对话式领导"。

大多数企业实行的领导模式，其运行是按照艾森豪威尔式的原则，其大体意思是：领导就是让别人去做我想做的事，同时让他觉得是他自己想去做的。

明眼观察，这纯粹是操控。照此而言，谁能更好地操纵别人，谁就能有成就。当然，这一切也行得通。问题在于，我们是否能够并愿意在别人和自己面前为这种行为找到理由。有时候，我在作报告时提到上帝最后的审判，台下经常会有人喊道：那是根本就不存在的东西。可能不存在，但我还是小心为妙，以此作为行事的前提。

我们与海德堡的弗里德里希·冯·哈尔丹贝格文化科学院的两位学者，卡尔-马丁·迪茨和托马斯·克拉希特，一起发展制订出新的领导文化。"对话式领导"这一概念是这两位学者在2002年写的一本书中才提到的。但在这之前，无论在哈尔丹贝格学院还是在dm，这一思想的萌芽和发展过程已经有20年的历史了。

这一思想的目标是建立一种员工在行动中自主判断、自主负责的领导文化。这种行为的前提条件是提出疑问。当有人提出"为什么我们要做这件事"的那一刻，我们就产生了新的视角，眼中的色彩就发生了变化。这时，思维的火花被点燃了："我之所以这样做，是因为我知道我为什么要这样做。"这样，思考不再是我之外的事，而是我自己份内的事。思考变成了内在的东西，先是在组织结构，然后在每一个个体中。倘若一个人有自己的思维，他对事情作了自己的判定，那么他的行为就是真实可靠的。

对话这个词含有希腊词"*Logos*"，它同时表述"词语"和"意义"。"DiaLogos"这一词的组合从字面上翻译也就是"通过词语"，也即"通过意义"。

这样一来，对话式的领导不仅表示人们相互的交谈，它还表示人们在交谈中传达的意义。这听起来或许有点迂腐，因为人们相互间的交谈，当然就是为了表达出某些有意义的内容。但有很多时候，我们并不是这样做的。

领导成为自我领导

许多企业举行各种会谈，其目的不是传达出意义。在dm，我们也在很长时间内——受哈尔茨堡模式影响——指派任务。"职务说明"和"成果检查"是哈尔茨堡模式中有精准定义的表达中心思想的词汇。我们也是这样，对员工发出工作指示，过后检查这些措施是否具有成效。至于意义，没人过问。

改变起来其实很简单。我们开始对员工不再只是简单地发指令，而是给他们解释为什么要这么做。我们给他们说明了工作原则，比如为什么一个新商品要登记，为什么商品种类要更换。第一步，我们只是对我们的谈话方式做了些改变，但这细微的变化改变了我们的思维。迄今为止，我们在工作场景说这件事该这么做，那件事该那样完成，现在我们解释出原因。养成这样做的习惯并不难。结果是惊人的，这种新的思维方式实现起来几乎毫不费力，原因在于，它符合人的本性。我们想首先搞明白基本原则，然后按照实地情况去具体灵活地实行这一原则。

这仅仅是个开端。对话式领导不是一个编好的程序，人们切换按钮，一切就改变了；不像更换一个新的操作系统，人可以直接导入一个新的软件，更换之后一切就得以更新，速度更快，效果更好。领导方式的这一改变过程是漫长的，持续了多年。每一个员工都参与其中，要求他们对自己和其行为不断提出疑问。这个过程没有终结，而是每天都有新的实践、新的锻炼。

我们发展出人与人之间交往的新方式，这种方式鼓励个体自主决策。有些人认为我们在实行一种反权威领导方式，还有人误用"合作领导"一词来称呼我们的方法。但实际内容远远超出这些称呼。对话式领导的背景是鲁道夫·施泰讷在他的《自由的哲学》一书中描绘的伦理的个体主义这一理念。其涉及的问题是，自由的、在整体中自己寻找方向的个体性如何能发挥作用。"领导"这任务变成了"自我领导"。

例如，我们在具体行动上作出了决定，不再发布指示，我们给出建议，我们达成协议。

区别在哪？现在运用的建议其效用就像做点心的方子，我们或者按照方子里写的方式去做，或者试着做得更好，多加进一个鸡蛋或多放点调味品。烹调方子是一个基本样板，如何运用它取决于个人的做法。

协议是人与人之间平等地、公开透明地协商出来的。大家共同提出问题：我们如何以最佳方式达到目的？然后大家协商出行动措施。我们称之为对话式领导。这里的关键是平等，领导和员工之间不再是上下等级关系，而是直接的面对面的关系。你对这件事负责,他对那件事负责。地区领导对整个地区负责,分店领导对一个分店负责,每个人必须胜任他的工作,这是前提条件。现在怎样能使两者去履行他们的义务呢?这就要有明确的协议。

过去,在我们的企业能听到这样一句话:"我想你现在必须去做这件事,如果你不做,那就可以走人!"这样的说法从此在dm不复存在了。

上下等级式的思维在对话式领导方法中没有生存的余地。按照其概念,等级制度观察人是从上往下或从下往上的。其奉行的宗旨是,上面来的一切都是好的。但在企业里,好事来自于跟我一起合作共事的人,可以来自后方、来自供货商,或是来自前方、来自顾客。我们必须改变看问题的角度:我们从后往前看或从前往后看,这是一种过程式的思维方式。

等级式思维是领导说什么就做什么。领导有个主意,那组织结构的作用就是保证准确地实行领导的意图,为此需要职责规定和成果检查。

对话式思维是与我密切相关的人需要什么就做什么,其过程是互助互存的。如果我看问题的角度改为平面式的,那我为其工作的人就是我的准则。倘若我为顾客工作,那么我对顾客的需求认识得越清楚,我的工作就越有成果。倘若我的工作是负责进货,那么我越是清楚地知道供货商的要求,我的工作就越有成就。在组建我的工作团队时,我越是能够兼顾分店每个员工的不同需求,使之达到平衡,我就越有成效。我越是理解他人的需求,我就越能成功。

每个人都是一个生活的企业家

一个富有的企业家不代表是一个成功的企业家。许多人对企业家的印象是他们利欲熏心，这其实是错误的。每一个人都是他自己生活的企业家。掠取百万财富不是人的需求。人对物质有一定的需求，有其生存的最低要求，还有超出最低需求的要求。不管人创造出什么，他的这种基本需求都应该得到满足。我们工作不是为了钱，而是为了他人。我知道，把工作和收入在思想中分离开来，这对大多数人来说是一种完全无法理解的课题。如果能够成功地做到这一点，那就像艺术家约瑟夫·博伊斯很久以前得出的认识：人想展示他的产品。一个人让其他人认识自己。如此以来，人就作为创作的生物，成为世界关联体的支柱，而这跟收入问题毫无关系。

领导这种行为恰恰不是发自于头脑，而是发自于情感和心灵。组织机构是感性的东西，我们不是在问：你觉得组织机构正常吗？而是问：你感觉愉快吗？你如何熟悉了这里？这些问题不是出自思考，而是出自于经历和感受。谁要是在企业里感觉愉快，他就能为企业作出自己的贡献。

塑造一个企业是一个具有社会—艺术性的挑战。作为领导必须尊重和珍视人的感情，同时也要与他们交往，激励他们向新的方向发展。

因此，dm的领导文化不是在绘图板上产生的，而是由全体成员一步步共同发展起来的——完全来自于大家的经历。

经济的运营总是一种人与人之间的相互关联，否则的话，我们的状况也不会这么好。每个企业家要信任他的员工，否则他们就不敢尝试他们应该做的事。我们需要的是人愿意投入其中并在其中展示自身的社会关系。企业家若给每一个个体提供出发展的机会，那么他就是成功的。

您想象一下，您与之交往的只是这样的人：他们工作是因为他们愿意工作而不是因为他们必须工作。如果我们将自己定义为是给予每一个个体发展可能性的工作团体，那么，下一步要提出的紧迫问题是：是什么赋予了个体意义？他从何处来，又想到何处去？每一个企业家必须给自己提出这些问题，因为他必须理解他的客户——不仅他的雇员和供货商是他的客户，那些购买他商品的人也是他的客户。

严格说起来，一个企业家有三种不同的客户，他必须满足这三种人的需求：一种客户产生效益，也即员工和同事；一种客户以他们的工作协助我们，即供货商；还有一种客户，他们入店、购买、付钱。他们都是企业式思维的标准。工作人员必须说："在dm工作非常有意义，我愿为此献身。"供货商必须说："虽然有的公司订货量更大，但我给dm供货的话，我就起着带头创新的作用，这是我最重要的顾客，我要负责提供很好的商品种类。"而付钱购货的客户必须说："我在另一个城市得到了一个满意的职位，可那里没有dm商店。"今天，头脑清醒的顾客不仅仅想在适当的地点以合适的价格购买需要的商品，他们除此之外还想以购物的方式来支持一个他们能够认同其目标的企业。自觉地为集体作贡献，这是零售商的第四个维度，顾客逐步看重这一点。

在今天的时代，我们不再去寻找无所不至、无所不能的领导者。我们在寻求意义，因而成为自己的领导者。我们想写出自己的人生履历，因此而寻找一种赋予自己生活意义的任务。我们作为企业家必须使人对企业感兴趣，愿意投身于此，在此作出自己的贡献。无论是作为员工，作为供货商，还是作为购物的顾客，他们因此而与企业相连，积极参与。只有当我们给予人领导他自己的自由、权力和可能性时，才能达到这一目标。

在企业里，如果越多的人能出于自我认识而知道他应该做什么的话，这个企业就越具有企业的活力。这样，每个人都成了企业家。我们不必告诉企业家，他该做什么，否则的话他就不是一个企业家，而是雇员。一个企业家出于他自己的认知，知道他的目标。如果一个企业能成功地让每个人愿意投入并作出自己的贡献，这样的企业就会因此而拥有更多的创新性，那么，这样的企业就是集体的工作，是所有人以极大的献身精神共同努力的结果。

心理学家和人力资源咨询家莱茵哈特·克·施普伦格在他的《极端领导》一书中阐述了这一思想。他和我一样，都受到施泰讷《自由的哲学》一书的影响，提出了相同的问题：

难道不去争取让人自己知道该做什么吗？如果您的员工不是仅仅顾及自己的职位，想着下次提升，而是在考虑企业的命运；如果他们在企业中干得比职业本身的定义要求更好；这难道不是一件美妙的事情吗？……如果您对此作出了肯定的回答，那么您应该为此做点什么呢？您首先得问问自己对人的看法，您如何看待员工？他是您达到目的的手段，或者他（也）是自己的目的？您虽然谈论"共同—企业家"，但内心还是习惯于"下属"的看法？他是一个您要去教育的孩子，还是一个成人，一个您得承认他的成人？他是一个您一开始就信任的人，还是一个您一开始就怀疑的人？

如果我们敢于尝试新的思维，那么领导就是一种引导和陪伴人的过程——其唯一合理的目标，是让被领导的人自己领导自己。只有这样思考领导问题的思路在今天才有合理性，因为这样的领导是通过自我引导达到目标。

双手插在裤兜里

一个领导想让他的员工达到某个目标，那他必须放手让员工自己做主地摸索一段路。当领导的得学习双手插在裤兜里站在一旁，尽管他从开始就知道，事情很有可能失败。可是，要是我对一位员工说：停下，你不许这样做！那么他事后就有理由说：要是按我自己的想法去做，结果会更好！

没有人乐意别人告诉他事情该怎么做。人愿意而且必须得出自己的经验。作为领导，我因此必须在给予学习机会和可能遭遇损失之间权衡，什么更重要：员工学习进步还是企业受到可能的损失？

因此，一个当领导的必须能断定出事情是否可以逆

第九章 对话式的领导方法 或 我如何最终学会去观察，停止给员工发号施令

转。如果事情可以逆转补救，就放手让员工去做，去学习；如果事情不可逆转而带有危险，那他就得插手了。但当领导的如果觉得他必须一直插手干，那只是表明了他思想深处的恐惧。在大多数情况下，事情是可以逆转并重新做好的。几乎每一种状况都有一个解决的办法。我还记得，有一次，dm的一位员工进货时买进了过多的香水，引起很大的骚动。等事情平静下来，我们冷静地思考，这个失误其实也不是个大问题。只要能想出主意，过多的商品也可以得到处置：我们启动了圣诞节大销售，没过多久，事情也就被人淡忘了。

谁要是不允许犯错误，也就阻碍了每一种求知学习、每一种创新、每一次进步。因为从不犯错误表明人只做他会做的事。一个不断学习的企业组织，其前提条件是让尽可能多的人能够在工作中学习，能够学习叫作允许犯错误。

领导的任务是调动每一个人的积极性。每一个员工必须确信他的重要性，我不仅仅是一个执行别人构想出来的任务的执行者，我也得像其他每个人一样，为我的工作领域不断找到新的有独创性的方法。这就有了生命力，企业成为一个有活力的有机组织。若是大家相信他们必须做重复的事情，那么他们像是企业运转中的一个齿轮，他们像是机器——那企业也就变得陈旧单调，失去了生命力。

表面上看这只是一种细小的变化，但这个变化却带来了巨大的区别。人可以将两个相同的分店做这样一个比较：

在一个店里，员工准确地执行上司的指示，日复一日

做着重复的工作，越来越愚笨。一个人放弃了思维，放弃了感受，直到有一天也放弃了愿望，变成了迟钝的人。

在另一个相同的店里，员工自信地说，我们的任务是让商店每天都有新的面貌，那里活跃、有朝气、有生命力，总是有新事情发生。员工们在思考，在探索，在感受。他们是想改进商店也想改进自己的人。

那么，您更愿意在哪一个商店工作呢？哪个商店将更有成就呢？

因此，作为领导必须不断地探讨这些问题：如何激励人？如何唤醒人的创造精神？要营造一种环境氛围，这种环境氛围推动着人，激励人参与其中，使其自身得到发展。这就是企业生存的社会—艺术性的一面，可将之表述为"帮助成为自助"的口号。

动机和破坏，小男人的复仇

这里让人想起一个时髦的词——"动机"。但要小心，人们容易误入歧途。要是人觉得必须用物质的东西来激励人的动力，那就已经是走向了错误的方向。前面提到过的莱茵哈特·克·施普伦格，他曾于1991年发表了他的畅销书《动机的神话》，我当时读后觉得，他列举了一切可能性。施普伦格揭示出常见的鼓励动机的手法缺少关爱，这种操纵性的尝试收效甚微。主要原因是，雇员们会感受到"红萝卜举在面前"的各种物质引诱方法是不信任的表现：不给点甜头，不奖励一下，员工就不会准备好好干。然而，就像人在森林里呼唤，传回来的是自己的回音。被采用心理战术来操纵的雇员也会开始想出花招来对付企业，他们不会想企业所想，而是像企业对付他们一样，从自己的利益出发，自私自利考虑问题。

施普伦格的书成为畅销书，现在已经是第19次印刷，但它依然没有失去现实性。企业经理还总是坚信他们必须而且能够去刺激员工的积极性。

业绩奖励、股票期权、企业养老金——用这些刺激奖励的圈套捕获的是奴仆，他们只会两眼向上看，问："领导，这样做对吗？"我们的员工本不应该着眼于上下等级关系，而应该着眼于工作过程，他们应该思考自己行为的后果，是否对顾客有利，是否加强了企业的竞争力。拥有企业经营素质的员工问的问题不是"这样对吗"，而是"如何进步"。

施普伦格还写了其他类似的著作，他在书中用强调的语气非常直接地说，对企业来说，信任员工的自主责任感和作贡献的决心，使企业更有成效。人们买了施普伦格的书，也读了这些书，遗憾的是很少将其运用于实践。

我们作为dm的领导，在30多年前就开始往这个方向努力了：我们信任人能够从自身获得动力，所有的部门都能做到这一点，尤其是分店。我们的职责是让他们能够这样去做，为此必须给予他们自由的空间，而且还必须搞明白，他们不是企业链条上的最后一环，而是第一环。这是对以前一切做法的颠覆。

为此，许多人必须摆脱以前确信的思维习惯，必须改变对人的看法，这是一个异常艰巨的实践练习。

因为，在我们的社会中，还一直流传着近乎于玩世不恭的思想。已去世的著名营销学教授维尔纳·克勒伯-里尔曾在萨布吕肯大学讲授"消费者心理学"一课,他研究的结果之一是,一般水平的消费者会对宣传诱惑作出自动的、不假思索的反应。相反,"独立自主作决定的民众是一种虚构,是一种思维模式"。这位萨布吕肯大学的研究者提出建议,要让消费者尽量看不透广告的操纵意图,消费者固守着他们的信念:他们一直都是可以自主决定一切的。

新闻杂志《明镜周刊》用一种既感到有吸引力、又觉得反感的复杂情绪总结了这种研究结果:"如果过于有进攻性的广告方式危及这种'自由的幻想'(克勒伯-里尔),就会激起潜在顾客们的内心反抗,称之为'抗拒':他们一旦觉察到意图,就会产生不悦的情绪。"

有谁想否认,半个世纪以来,广告铺天盖地,我们几乎无法摆脱操控?虽然这位无法让人形容的教授活着时曾强调:"广告是一种有特定目的而且合法运用的权力形式。"但对这种所谓具有温和强制力的广告的反抗真的像这位学者认为的那样只是一种"抗拒",以及可笑的"自尊需求"?人们是不是在固守着这样一种错误信念,认为他可以独立自主作出决定?

在我们dm的企业文化中,对人的看法完全不同。遗憾的是,一些玩世不恭、不负责任的人,像维尔纳·克勒伯-里尔这样的科学家,在德国大学里为上千学生传授他对人的看法——为了考试。《不公平竞争法》指出,广告不允许误导人,或者说不允许以不尊重人的方式来损害顾客的自由决定权。这听上去近乎虚伪。广告基于对人的看法，常常是不尊重人的，试图以操控的手段来误导消费者。

谁要是觉得自己受到了虐待，就会开始破坏性的行为。在这里，作家京特·格拉斯的自传里有一个故事让人感受至深。他写道，他在纳粹党卫军里当少先队队员时，总得去军官食堂为士兵们送一大壶咖啡，如果士兵们对他不好，他就往壶里撒尿。这种行为让他有了某种平等的感觉，其准则为：你们对我不好，我也可以以牙还牙。咖啡本来味道就不好，所以党卫军的士兵们也就没有觉察到里面加的"香料"。这就叫作"小男人的报复"。

同样的情况也常常会在企业里发生。领导们摆着大经理的姿态，有着绝对的发言权，当他们趾高气扬地穿过走道时，员工们有可能在口袋里握紧拳头，等待着大大小小的报复机会。

两种对人的傲慢的看法

谁要是以玩世不恭和鄙视的态度对待顾客，那也会以同样的方式对待员工。在德国大学里，企业心理学一课也在这方面有许多论述，但这些论述常常是以负面的人物形象为基点，认为人是自私懒惰的，只能用钱去激发其动力。人没有掌控自己的能力。难怪无数企业安装了监视员工的摄像头。

我们谁都不想接受这样的待遇，为什么有人觉得别人遭到这样的待遇是对的呢？更有甚者，为什么有人要这样去对待别人呢？这样的行为之所以得以实现，原因在于，我们头脑中有两种人的形象：一种是我们自己的，一种是别人的。让我们做个小实验？

想必您会同意我的看法：

您勤于思考，多数情况下做出的是理智的决定；您生活上基本是节制的、简朴的，只有个别时候您允许自己适当地有点奢侈享受；您对待他人公正、恭敬，照顾弱者；您能可靠地完成交给您的工作，具有责任感。

想必，您现在也会同意我的这种看法：

大部分人对他的工作半心半意，粗枝大叶，做起事来马马虎虎，行动经常是欠考虑；大多数人没有必要地将还能使用的东西扔掉，平时生活也是过于富足，常常是生活无度；大多数人不顾及别人，甚至有意欺骗别人。

就像是我们经常引用的一个例子：90%开车的人认为90%其他开车的人都不是好驾驶员，而自己当然是属于那10%的少数人，是超过平均水平的好驾驶员。

与此相同，许多人拥有两种不同的人的形象：一种是我们自己的人道主义的形象，一种是其他人的实利主义形象。他们也是照此来行事的。倘若人将自己归于少数好人、有理性的人，他就得去教育其他无理智、愚蠢的人，为他们制定出规矩，逼迫他们达到他们的（我们的）幸福。只有极少数人像我们自己这样精明，而大多数人认识不到他们的无知，反而认为他们自己聪明，为了避免争辩，我们不明着说，我们认为他们是无知的，于是就如此对待他们。

不以这种暗藏的傲慢态度对待他人，而以真正的尊重和敬意与他人相遇，这对我们来说，也许是最艰难的练习。如果我们成功地做到这一点，其结果是惊人的：我们必须接受，他人与我们自己一样都是独立的个体，他们的观点和看法一样有合理性，他们做出的成果一样有价值，他们的需求同样应该得到满足。虽然自法国大革命以来，平等成为了我们社会的核心理念，但即便自《人权宣言》以来已经过去了两百年，在日常生活中，真正的平等还是我们的一个难题。尤其是，领导阶层乐于将自己看成是有思考能力的人、是更优秀的人，而不会平等地对待他人。

这里再引用一段施普伦格的话：领导的真实作用是"少教悔，多扶持，提拔人时多听周边意见，鼓励别人，使他们的潜在能力得以实现，呼唤他们'走自己的路'"！

而现实相反，在企业里傲慢当道并得到鼓励，那些认为他们比别人更重要的人被选拔成为领导。人们只需要仔细分析一下这种傲慢——用等级式观念去思考一个企业，就会将人分成两部分，一部分人至关重要，而另一部分人不那么重要。事实上，每一个人都很重要！我们建立在企业成效和生产效率上的相互合作工作关系早就表明了，每一个细小的工作步骤都是不可放弃的。以dm这样一个由分店组成的企业为例，所有的员工都处在一个既有分工、又有合作的工作整体中。

当然，正确地配置资源很重要。倘若一辆大货车没有载货，会对大家都有影响；倘若司机将车开到沟里去了，货物也到达不了。我们可以不厌其烦地说：每一步工作程序都很重要,每一个员工都很重要。

　　遗憾的是,待到这一真理广泛传播开来,待到这种思维的转变真正地实现,大概还得经历数次往咖啡里撒尿的事件。

一个人问：接下来还有什么可做的？而另一个人只是问，这样做对吗？由此可区分出自由人和奴仆。

——特奥多尔·施托姆

第十章　分店掌权
或 报纸上的一篇文章如何彻底动摇了金字塔式的等级制

　　1989年冬日的一天，公司财务部的部长马可·梅斯克利在公司领导例会上将一篇报纸文章放到会议桌上，他说："《法兰克福汇报》周末有一篇文章很有意思！"我们该如何形成团体，造就什么样的环境条件，使员工成为共同的企业家，对这个问题我们已经思考了很久，但迄今为止，我们对基本的组织机构并没有提出质疑，现在是改变的时候了。

　　马克·梅斯克利是领导层里少数几个不是从dm公司内部成长提拔出来的人之一。我们对财务部门要求越来越高，需要寻找一位专家，他是看了我们的广告之后来应聘的。在这之前，米歇尔·克罗德齐一直负责这方面工作，成为这个职位的可能的候选人。他也是最初思考和发展出成本账目模式的人。这个模式后来成为了价值形成计算法，载入dm的史册。但我们感觉到，我们的团体还需要一位在财务方面有扎实能力和经验的人。

马可·梅斯克利来自一个审计事务所，这个事务所如今叫"永安事务所"，业内颇有名气。因此马可·梅斯克利在各方面有着资深的专业经验，对我们来说，他应该是一个合适的人选。克罗德齐让位给梅斯克利，他集中精力来负责任务繁重的物流部门的工作。梅斯克利负责管理财务和员工，负责管理整个公司薪水的核算。

梅斯克利从工作的第一天起就显示出了他特有的自信，他对一些我们一直认为理所当然的事情提出了疑问。他事先已经细致研究了我们的企业文化和企业领导的观点，充满期望地审阅他的工作合同。两天以后，他站在我面前说："您给我讲的一切听起来都美好，但这个工作合同却与其他公司的没有什么区别！让人看不出您在这里发展出的新思想。"

我一下子没回答上来他的问话。到那时候为止还没有人如此清楚地说出这件事，原因也许是，差不多所有员工都是自己公司培养起来的，没人再去详细研究他的工作合同。我觉得他说得对。于是我就回答道："您既然发现了这么明显的差异，那么就请您去找我们的律师，您们共同考虑一下如何改进这个问题。"

现在轮到梅斯克利反应不过来了。显然，他还不习惯他的批评这么快被理解为建设性的不满，并给予了他就此

第十章　分店掌权或 报纸上的一篇文章如何彻底动摇了金字塔式的等级制

改进的职权。但他还是接受了这个挑战。最终，虽然他的工作合同没法改变，因为有些劳动法条例规定不是我们dm能轻易偏离的，但他提出的批评使我们开始用文字写下了公司的规则，这些有制约力的规则指出了，我们的行为基准必须永远建立在同事般的关系基础上。梅斯克利的质疑行为带来了成果。

现在，这位管理财务领域的领导将一张报纸放在桌上，一篇文章又带来了一个新主意。此时，事情关系到整个dm的组织结构。当我读了文章的内容之后，心情很急切，马上有种触了电的感觉，文章讲的正是我们dm目前所需要的！

文章报道了德意志银行为什么以及如何开始组建一种新的组织结构。专业术语称之为"矩阵制组织结构"，我们后来将此称为"地域化"。

德意志银行做了什么？迄今为止，银行董事会的成员在传统的公司总部门，如采购部、销售部、物流部、财务部、人事部里有着明确的管理职责，仅此而已。现在每位执行董事除了自己的部门外，再兼管一个地区，如一位兼管欧洲，另一位管亚洲和中东、第三位负责北美，等等，而原来的销售部门被取消了。这可是一件引起轰动的大事。因为，从现在起，每位执行董事都要带着两副眼镜来看问题，一副是专业的，另一副是地域的。带着地域性的眼镜去看问题，这就迫使他们不断地思考，他的专业成果在实践中是否真的行之有效。过去有了问题时，销售部门的领导和其他执行董事们相互推卸责任，将对方当作替罪羊。现在，每位执行董事至少要在自己管辖的地域负起责任来，看看他制定出的专业方面的策略是否在基层行得通。

把德意志银行当成榜样，起初看来让人觉得有点不自量力，因为德意志银行比dm公司要大得多，而且在全球有许多分部。但仔细观察，德意志银行不过也是个拥有众多分行的企业。如果地区化的领导原则在这样一个巨大的企业里行得通，为什么在我们拥有350个分店的企业里不能成功呢？

反对这一革新的一大堆理由出现了。最主要的反对理由是，我们之前在传统贸易领域还从来没有人想过、更没有尝试过这样一种组织结构形式。我们走的将是一条全新的道路。在革新中，我们偏偏要解散销售部门，在一些人眼中，这无非就等于自杀。销售被看作是贸易的中心，是不可放弃的。

尽管有各种各样的顾虑，我还是说服了其他领导，至少可以去实验性地思考一下这个主意。毕竟我们以前经常通过共同思考问题来找到解决问题的最佳办法，给dm带来了成功。那么，这次这样去做也不至于会带来什么损失。

此后，在每三周举行的公司领导例会上，我们大家碰头一起讨论，公司以前所有固若金汤的条例，现在差不多都摆上了桌面以供讨论。

一个企业——不是机器，而是人

像大多数人一样，我们潜意识里认为，一个企业必须像一个钟表机构那样运转。然而，我们对此思考得越久，就越清晰地看到，这是一种误解。一个企业不是一个钟表结构，而是一个社会有机体。一个企业不是由机器和螺丝钉组成的，而是由人组成的。这表明了什么？

我们可以用自己的身体来理解有机体这一概念：旧的细胞不分解就不可能生成新的细胞。倘若没有新的细胞生成，我们的有机体就会出现衰老过程加快的严重问题，也即有机体老化了。所以必须不断地有旧的细胞衰退，新的细胞生成。

有机式的领导是指增长和缩减的交互作用。正如一棵树不是从上往下生长和伸展一样，一个企业的成长也是如此：企业的成长和运转是从内向外的。

实质性的东西总是产生于边缘，这也就是说，在我们企业里，实质性的东西产生于我们的贡献和顾客的贡献相交的切合点上，也就是在分店里，分店是我们一切行为的原本的起点。

企业不能长久地呈现为一个金字塔的形状，企业是一个机构组织过程。在运转过程中，我们首先要关注的是交叉点，也就是说，在这个点上提供服务的人和享受服务的人相遇。我们必须在这个交叉点上仔细分析一下发生了什么事：为什么有人愿意接受我们的服务？这是我们所有行为的缘由，这使生意拥有了意义。同时也必须为下面的问题提供答案：我们如何能够提供我们的服务，使别人不仅今天接受我们的服务，而且在未来也是如此，使之成为有持续性的服务过程。这种思维方式对我们有着变革的意义。用格言来表达就是："上面很少在前面，但事情实际发生在前面。"

当领导的总是认为,其他人是他的助手,但实际情况恰好相反,当领导的必须帮助共同工作的人,这样他才能成为公认的领导,而不是因为他的肩章上多几颗星。

一种建立在牢固的上下等级基础上的领导现在被一种建立在能力基础上的"变化着的领导"取代了。只有拥有这样能力的人才能成为各种具体处境中的领导:他对社会性的运行过程有足够的意识,能激起其他人对他的目标的热情,能成功地将那些偏离目标的行动引向他的目标,使之协调配合。

贝尔纳德·利维格德也在这方面给了我们启发。他以皇家空军机组成员为例,解释了变化着的领导这一概念:当机组成员在地面处于整装待发的警戒状态时,肩章上星最多的人是这种状态下的领导;稍后等机组成员登上飞机,为起飞做准备时,飞机工程师必须检查和开启所有的技术设备,他是这一处境中的领导;等飞机起飞后进入飞行航线时,领航员是领导;飞到目标区域里,投弹手是领导;如果飞机中弹,飞行员跳伞落入森林里,这时的领导或许是二等兵。贝尔纳德·利维格德少年时代当过童子军,最清楚人如何在难以通行的地带活动。在特定环境下,接管领导权的人总是拥有最佳能力采取行动的人。

用这一思维方式来思考企业,很快就清楚了,当今人们早就不再受地位等级的引导,他们完全清楚地知道,当他们在企业里遇到问题时该去找谁。这种情况用学究式的术语表达就叫作"非正式的组织机构"。正式的组织机构被描绘在组织机构的图表里,而非正式的组织机构存在于实践中。

废除领导

我们开始思考新的领导组织机构。迄今为止所有的企业经理们——就像德意志银行的董事们——负责管理他们自己的专业领域，也即采购、财务、物流等等。对分店的管理掌握在销售部门的手中。无论过去和现在，整个商贸行业都是这种领导方式：销售总部负责下面分店的完善经营。大多数情况下，销售部门也负责作出决定，如关闭哪些分店以及在哪里开新店。dm公司成立以来的前15年，也是这种领导层次，与其他竞争对手没什么区别。

现在是该改变的时刻了。我们放弃了金字塔形的正规的组织机构，取而代之的是让非形式化的组织机构原则成为主流。其主题思想是：分店掌权！

第一步，我们解散了销售部，其中最令人棘手的难题是主管北部和南部的两位销售部领导失去了他们的职位。但我们不必解雇他们，而是重新安置他们，这两位销售专家可以成为很好的区域领导。他们之所以不把安排的新岗位当成降级，而是作为异常吸引人的新挑战，原因就在于解散销售部并不是唯一的改革。

下一步，我们让区域领导不像以前那样只分管5个分店，现在他们要负责20到25个分店，取消了区域领导和公司领导之间的地区领导这一层次。完全取消一个领导等级层次，减少区域领导数量，将其工作量增加四到五倍，这变革听上去有点残酷。

同时我们还改变职位的名称，不再叫"领导"，而是叫"负责人"，不再只负责一个区域，而是同时负责整个一个地区。这看上去或许像是讨厌的咬文嚼字，但它表达出组织结构的调整不仅改变了等级制度，更重要的是完全改变了工作内容，这才是决定性的。

人们期待一个当领导的人眼观全局，一切尽在掌控之中，一切都要告知于他。而负责任叫作对整体负责，但不是对所有的事情负责，这是一种思维的转变。在dm，我们只是在分店还用"领导"这个概念，即"分店领导"，因为其管辖的领域相对较小，一目了然。

谁要是表面化地观察这些变化，会不耐烦继续听下去。那个时期我上百次地听到人抱怨："我现在每天已经工作12个小时了，我还应该承担更多的任务？那我压根就别回家了！"

总要持续那么一段时间，直到人愿意倾听并且看出我们做的不仅仅是量的改变，而首先是质的改变。面对大家的提问，我的标准回答是："今天需要花12个小时做的事，他也许6个小时内也能完成，剩下的6个小时，可以做别的事。"可是，我们何以能做到让员工用较少的时间完成他的工作呢？

"我不做的话那该谁来做？"

引导我们做这一巨大改革的基本信念是，领导阶层的核心任务是营造出认清责任同时也承担责任的工作关系。所以问题很清楚，要想让分店领导拥有更多的自主权，就必须让他们从区域领导限制过多的管辖中解脱出来。因为，如果管理过于严格的话，那么就根本不会产生独立自主的责任感。

现在的事实是，新的地区负责人得同时管理20到25个分店，因此，从开始就要阻止他们过分的热情。负责5到7个分店，定期访问和管理，时间上马马虎虎还说得过去，但20到25个分店实在是太多了。负责任这个主题现在有了新的内容。地区负责人别无他选，他必须给予分店领导自主活动的空间。以前区域领导绝不可能让他人对问题作出决定。现在突然间作决定不再是他的责任，而是掌握在分店领导手中。这种决定权甚至还包括了神圣不可侵犯的选择员工这样的事。以前是区域领导选择和雇用员工，现在是分店领导自己决定他愿意与谁在分店一起工作。区域领导只是帮助分店领导如何准备面试工作。

事情的另一面是，分店领导也不能向后退缩，等待区域领导后天过来回答所有的问题，他必须自己认清："我不解决问题的话，没人来解决。"

当然，当时有许多预言失败的说法。我记得首次提出"分店掌权"的口号后，在一次公司领导讨论会上，我让各位领导在下次会议之前先思考一下，在自己管辖的区域里有多少分店领导让人相信能胜任新的工作。三个星期以后得到了令人非常沮丧的预测：按照各位领导的看法，每一地区大约只有8到10个分店的领导具备自主领导分店的潜在能力。这种情况下，有些人或许马上要偃旗息鼓了，能承担企业新的挑战任务的分店领导数量如此之少，那我们首先得寻找新的分店领导。但我们接下来对这种感觉提出了疑问，我们的这种判断从何而来？最终我们还是鼓起劲来，别无选择，我们必须（而且也乐意）做做尝试。

尝试的结果正好相反，只有少数几个分店领导不能胜任新的工作挑战，我们给他们另换了职位。其他所有的分店领导超越了自己——首先是超越了我们消极的偏见。

调整变革阶段对大多数人来说是一段艰难的时期。许多人开始时非常害怕承担新的角色和责任，突然间他们应该去自己决定必须做什么。但他们很快体验到这种变革带来的自由，首先是，那些烦人的各级领导来来回回的指令不复存在了。当他们发现问题而且对问题有了解决方案时，就可以快速作出反应，不会长时间地等待上面回话。这里也只有少数几个人放弃了这个职位。对许多人来说，自己去计划安排，将自己的命运更多地掌握在自己手中，是一个极大的挑战。以前，他们与某位员工有了问题时，马上抓起电话找区域领导；现在他们得自己去交换意见，同时对自己提出疑问。

对迄今为止的区域和地区的销售领导来说，这种变革意味着重新调整他们多年来熟悉并喜爱的思维和行为。不是所有的人都能轻松接受变革，有些人宁愿离开我们企业。一部分以前的区域领导接手了审计工作，但大多数区域领导愿意参与这种新的尝试，并不反悔。作为地区负责人，他们的责任和创造活动空间常常比一个大公司的某些经理的活动空间还要大。

这里涉及的不是权力和统治，而是互助互存工作关系中的自我控制和自我领导。以对话的方式解释清楚了为什么，为何目的，何方向，以及何理由。

幸运的是，在dm工作的员工很多是女性，很利于适应这种变革的处境。女性更容易准备承担更多的责任，而男性经常先问，谁本来是对此负责的。女性看到工作着手就干，我先是在家里的孩子身上发现了这种区别，后来在企业里又上百次地验证了这种区别。但事情总是有正反两方面，不利的一面是，女性有时候倾向于超越她的职权范围，其想法是："这工作必须完成，要是我不做的话那该由谁来做呢？"这样，有时会成为他人行动的阻碍。因此耐心也是做领导的一种重要的美德。

辅助取代领导手册

改建和缩小上下等级关系是使dm继续获取成就的重要步骤。从现在起，正是在对事情必须作出决定的地方来对事情作出决定。用学术术语表达叫作"辅助原则"。我们希望机构组织是为人而存在，而不是人为机构组织而存在。这还引出了其他后果。

我们不再撰写各种手册了。谁都知道，手册是没人去读的，因此我们喜欢用这句格言："机构组织就是没有它也能办成事！"人若有意愿，他总会为此寻找最佳途径。谁必须将洗好的餐具从洗碗机里清理出来，他迟早会知道，他该怎样把餐具放入，才能在之后更快地将餐具清理出来。

我们的主题思想是："机构组织的目的是，使尽可能多的人为整体的利益明智地行动。"同时，一切行动的开端是传达意义。一个在企业里工作的人，如果整个企业对他来说完全无所谓，对这样的人无论使用多少压力和刺激手段，他都作不出什么贡献。有意愿的人能找到出路，没有意愿的人找到的只是理由。

在企业中看到意义的人，他的兴趣所在是企业能够良好地运转，这样他将会感觉到自己的共同责任，并且积极行动。关键的问题在于：人们想让我们的企业成为一个成功的企业，还是只想着在企业里有一个安稳的工作岗位？

作为团体，我们的问题是，我们如何能够培养，使这个团体中几乎所有的参与者都看到一种意义。因为只有意义才能引发出吸引力，能使员工早上起来，虽然不舒服，但想着："我不能让同事失望，我必须去工作，那里需要我。"同样，顾客也必须觉察出商店开门还是关门的区别："什么？dm关门了，这真是个灾难！"如果某地没有dm，而顾客也没觉得缺少什么，那说明别人不需要我们。在脸书上，经常可以读到，某人抱怨他住的地区没有dm商店，很有必要在那里开个新店。甚至有一次某地公民发起倡议，要求建一个dm商店。哪怕这只是一个传闻——人能想出这种主意来，也让我高兴。这种想法也清楚地表明，不是企业领导或哪个中心部门能决定我们在哪里开店以及如何经营，顾客才是真正的决定者。

这种简单的思考方式突然让我们又面临这一问题：我们为何在dm需要一个"中心"呢？确切地说，总部在做什么？它究竟是不是中心？

不久，中心这个概念在dm列入了禁用名单。就像我们废除了"区域领导"和"地区销售领导"这些概念一样，我们也放弃了中心这一概念。当然总部位于卡尔-麦茨大街上的大楼还存在，但里面充盈着新的思想精神，为此我们需要新的合适的概念。

接下来谈到的概念是"后方式服务",我承认这一表达方式有点笨拙,但它切中要害。因为它首先改变了人观察问题的视角:前面是分店,后面是后方服务,"上—下思维"因此过时了。取而代之的是"前方—后方":前方是顾客所在,后方提供前方所需的服务。后方提供服务的人必须时常考虑,他们能够以什么样的行动更多地帮助和支持分店,以便分店集中精力为顾客服务,

这场变革是一场革命:它必须成功

调整组织机构是一个漫长的过程,我们必须赢得每一个员工,必须激励每一个员工投身于此。一篇报纸上的文章起到了思维导火索的作用,而我们多年思考领导问题为我们打下了基础,使文章引发的思考有着肥沃的发育土壤。这个过程持续了一段时间,直到我们在企业领导会议上统一了认识,认为这是一条正确的道路。统一认识之后,我们必须逐步地将这种想法引入企业。

大胆行事,这其中也隐藏着危机。再怎么说在dm20年的历史中,一直都是领导定期访问分店。要是第一次发生早上没人来的情况该怎么办?在有些人的头脑中生出了这些近乎恐怖的想象。我们不允许过于仓促行事,如果出现了未预料到的局面该怎么办?最常见的问题是,在一个企业的危机时刻,总是好员工最先离开,因为他们能比别人先觉察到什么事情不大对劲,而且他们也容易在别处找到新的工作。但在这样一种涉及基础的改革中,我们正需要这样的好员工。因此,我们反复咀嚼各种担忧和思虑。

所有愿意参与的人都参与进来，这种变革应成为一场革命，它必须成功。

　　经过一段时间的酝酿，我们感到，我们的新的打算在企业里有了足够的认知和接受程度，该是使计划变为行动的时候了。我们作出了决定，召集所有的区域领导，地区销售领导和所有的企业上层领导汇集在一起，集中行动，讨论所有的细节，研究最后的问题和愿望，然后大家一起将协商落实为行动。这次会议在公司历史上冠名为"宾根"，因为这次实施公司领导基层化的会议是在宾根市举行的。这次集会进行得基本顺利，但我也记得，有两个地区领导，他们马上表态："这样的事我们不参与了，我们另找门路。"

　　这三天领导集体会议取得了成功，我们开始实行精心准备的改革计划。几周之后，形式上每人有了新岗位，但与之相应的精神上的转变来得还没有那么快。例如"后方服务"的工作人员一再陷入老一套的"中心"思维方式里。但很快形成了一种社会监督机制，如果个别人对分店领导语言不敬，我们提醒双方注意，以这种方法，我们不断地解决总部和分店之间存在的典型的上下级的差别问题。

　　同样，分店领导面对新的任务也得学习许多新东西。一方面，他们感到高兴，他们的工作得到了赞赏，感觉自己像是从规章制度的枷锁中解脱出来一样。另一方面，也存在着担忧和保留。这里也发生过一些"倒退"到旧的行为模式的局面。这就需要大家一起多加反思，放弃崇敬上级的思想习惯和行为，真正实现新的独立自主性。

回顾起来，我们至少用了5年的时间，直到新的思维确确实实应用到实际工作中去。我所认识的dm员工中，没有哪个人对这一改革步骤表示过反悔。相反，大家公认，当时的变革为后来20多年的成果奠定了基石。

我们需要几个发疯的人；你们看看，正常的人给我们带来了什么。

——乔治·贝尔纳德·肖

第十一章　绝对以顾客为重
或 为什么促销令人反感，
有些时候价格以5结尾比以9结尾更好

　　有一次，在参加会议的第二天早晨，我坐在大巴里，还有点睡眼惺忪，透过车窗，我观望着五光十色的城市。有两位年轻男士坐在我后面的一排，他们显然也是来自商业领域，也是去参加同一个会议。他们俩在聊天，声音很大，我不想听都不行。他们在谈论市场调查。

　　"现在有一个调查结论显示，顾客并不是那么喜欢促销，大多数人愿意长期得到低廉的价格。"其中一位这样讲道。

　　"你正好提醒了我，"另一位说，"我讨厌促销。每当我需要什么商品时，它刚好不在促销范围中，但我不得不买，心里总感觉多付了钱。而那些促销商品，大多数都不是我本来需要的，但我还是买了，因为价格非常便宜。事后我又生自己的气，因为又花钱买了自己根本不需要的东西。"

"我夫人也总是这么说，"另一位叹了口气，证实他同伴的观点，"要是按照我的观点，我会取消促销这种方法。但我们的新经理不理解这事，我没法说服他。"

1992年秋天，我在柏林参加某个会议时经历的这一幕小小的场景，成了dm下一场变革的导火索。三年前我们废除了销售部，已经像是亵渎了商业的基本原则，可现在的情况也不亚于当年。柏林开会回来没过几天，我召集公司的经理们在卡尔斯鲁厄开会，我讲出了我的想法，"我们不再搞促销活动了！我们现在实行长期廉价！"这时，大家用异常惊诧的眼光看着我，好像我刚才讲的是我们应该在月球上开一个分店，要是我这样讲的话，引起的惊异或许还会小一些。这些领导就像大巴里那位男士提到的他的经理，不愿意理会这个主意。"维尔纳先生，您发疯了吗？"这是当时的第一个也是唯一的反应。

人们得了解，在商业这行当，你几乎没有什么可能性将你与你的竞争对手区别开来。因为大家卖的产品几乎都一样。顾客在商店里挑选洗发水，他决定买这一种还是买那一种，工业生产商的产品广告起着重要作用，促使了他的决定；但顾客作出在这家商店还是在那家商店买洗发水的决定，仅仅取决于价格。所以我们dm从一开始就奉行廉价政策——这也是廉价商品市场的基本原则和标志。开始时，我们实行的是持续保持廉价，这样做也可以减轻工作量。但后来出现了一些情况使我们偏离了这条路线。比如不小心订货过量，想节省库存，就搞一个特价促销活动。这样，完全不经意，就陷入了特价促销的漩涡潮流中。开始是每月搞一次促销活动，后来成为每十四天一次，我们开始培养这种行为，我们想获得更多的销售量，那就又变成了每八天来一次促销。店里总会有一些出售剩下的产品，总会意外地出现过多的商品，原因或许是送货人供货太晚或是送错了地址，或许是估计错误订购了大宗商品。这就出现了高峰紧急状态，而特价促销是一种极好的帮助手段，以便在紧急情况下使商品变为现金。所有的商行都是这样做的。

因此，促销发展成了一门技艺，成为零售商中最值得赞赏的技能。现在我偏偏想把商贸行当里这一核心组成部分废除掉？

特价促销是为商人着想，而不是为顾客着想

公司领导层的同事们吃惊地盯着我说："我们dm取得的成就，正是因为我们一直有着精明的特价促销政策！我们怎么能取消这种策略？！"我站在那里，像是荒野里的一位孤独的呼唤者。其他人难以想象，一旦取消了特价促销，我们的企业将如何运行。而对我来说，放弃特价促销这一想法已十分笃定，我根本不可能再放弃。

我的所思所想完全清晰明辨，我知道，特价促销政策是一条完全错误的道路。特价促销是商人为自己的利益想出来的主意，而不是为顾客利益想出来的。顾客需要什

么商品，他们才应该买什么商品，而不是我们的商品有特价，他们应该买。这是我的基本想法。一旦我第一次有了这样的想法，就不可能还像以前那样行事了。不在商业行业工作的人当然容易理解这个想法。他们作为顾客，马上看出特价促销不是为他们着想的。大多数人觉得购物是件麻烦的事情，常常是家里的洗衣粉包装空了，他们才想起来要买洗衣粉。这时店里的货没有特价。如果顾客一周后又来到商店，发现这周洗衣粉卖特价，他会想："哎呀，我应该晚一个星期买，现在便宜两块钱！"

"不对！"总能听到这样的反对声，"我有一个熟人，他在所有的广告中寻找出最便宜的促销商品，然后有目标地去采购。"我的熟人中也有这样的人，用一个典型的词来描述这样的人，叫作追逐特价商品的猎人。可是，有多少这种追逐特价商品的猎人呢？又有多少顾客希望去一家价格总是保持便宜的商店买东西呢？顾客知道："不论我什么时候来，这家店的东西总是便宜的，我不必去确认洗衣粉、洗发水或防晒霜是否是促销商品。"这样的话，我们得作出决定，我们开商店是想顾及那些追逐特价促销商品的猎人呢，还是想顾及那些对价格清楚的老顾客。

我认为，这是再清楚不过的事了。对我的同事们来说，却是我不谙世事和荒唐的表现。我觉察出，只是论证我的观点，事情不会有进展，我得找出证据。但这种事还不那么容易证实。人不可能只是做出一点点实验来向顾客表明，在dm买东西可以得到持续平价，所以没有特价促销了。事情要做的话就得不计一切后果地去做。在这种处境下,我作为企业的拥有者显示出很大优势,我可以顶住内部的反对意见做作出决定。

事情的原则本来是,按照大家认可的方法使事情关涉到的人变成参与事情的人。但现在的情况是,涉及的人不是总部或分店的员工,而是顾客本身。为了使顾客参与进来,只有两种可采用的方法。理论上来说,人们可以征询顾客的意见,或者可以让顾客在实践中自己作出决定。在理论上,那些作市场调查的人已经得出了结论:特价促销——从理论上——不是特别受人欢迎,而我们必须相信这一结论。有的同事听了市场调查的结论后只是摇摇头说:"有可能人们只是声称他不喜欢特价促销,但他还是要买这些促销商品!"这样的话,只能用实践的方法来证实了。

因此,我不再讨论是否引入持续低价,而是讨论什么时间引入以及如何引入。我面临的是众人的激愤,如果我们将所有商品都降价,或许会导致我们失败,这种最恐惧的担忧产生了。但我执着于我的想法:"不,不会的,我们赚的是差额。"实践经验确凿可信。在一开始大多数人都不会理解这一点。

有意愿的人能找到出路,没有意愿的人找到的只是理由

与此同时,我们还颠覆了商业上的另一条金科玉律。当时也凑巧,银行有困难,不能提供足够的铜制硬币。但对零售商来说,1分或2分硬币几乎比1欧元或2欧元硬币更重要。因为所有的价格差不多都是以0.99结尾,人们在收

银台很少付整数价格。我当时不由自主地说:"真好!要是银行没有铜硬币了,那么我们就可以调整我们的价格,价格用5结尾,这样就不必给顾客用铜币找零。"

就当时的这种情况和我突发的灵感,我和同事们想出了一堆理由来论证,为什么这是一个好主意。况且我们已在讨论用什么方法来实行持续低价最好。现在先要考虑的问题是,价格本来有问题吗?这种用0.99欧元、0.98欧元结尾的方式是正确的,还是胡来?问题一环套一环,从最初的具有创造性的不满引出了新的问题,而且让人对事情有了新的感受。我们看到和听到了以前根本没有注意到的东西。价格尾数过去从来不是我们的思考重点,现在我们也得考虑一下这个问题了。

持续低价问题首先使那些经营老手感到有危险,况且这种方法背离了生意中的信条和实践方法:使用特价促销使得销售额提高;不用特价促销,销售额就会降低。现在,用5来结尾的价格方法突然给出了一种新的可能性。在价格以9结尾的零售行业,要想我们的价格比竞争对手的价格更低,我们一直采用的方法是,必须将价格的零头从0.99降到0.89,也就是说足足的1角钱。要是用5做尾数,降到0.95那就只需要降4分钱。

事情突然有了进展,这种情况我喜欢用一句话来总结:"有意愿的人能找到出路,没有意愿的人找到的只是理由。"我们大家开始一起计算,对价格转化的后果做出了预算,将以前短时间内降价特价出售的价格,现在转到所有商品上,实行持续低价,这种与促销无关的低价格比竞争对手的价格具有优势。价格最优,这一dm的基本准则也没有受到影响,相反,我们将提供持续低价!

当然,这样一来,要是哪一位竞争对手搞起价格促销的话,我们将不可能跟着行动。在过去,竞争对手之间相互观察得十分仔细,都知道哪家在搞什么特价促销活动。哪里有促销活动,他们的哪些商品降了多少价,我们总是知道得一清二楚。在另一个时间段,我们也搞同样的促销活动,或者价格还降得更便宜。因为我们的想法是,注重价格的顾客会观察到这一切。

现在令人紧张期待的问题是,我们的商品价格对顾客是否有足够的吸引力,即使竞争对手采取促销手段,我们也能够战胜竞争对手。大家专心致志、翻来覆去,又是讨论又是计算,我们必须提供出详细的数据。我们搞特价促销活动时让步了多少钱,现在持续低价又让出了多少钱。您可以想象,12500种商品该有多大的计算量,想起来这几乎是不可能算清的。幸好我们很早就很努力地使我们的商品经营系统电子化,现在显示出了优点。借助于计算机现代技术,我们能够详细计算出各种可能性,以便能够权衡危机和机遇。

曾经有段时间,参与的人失去了兴趣,这种烦琐的计算,差点让大家不想干下去了。其理由也立刻冒了出来:为什么一个没有意义的荒唐想法能制造出这么多工作,反正这种想法不可能成功。这种情况出现时,我让大家想想我们的顾客基本准则,提醒大家我们的顾客群应是"头脑清醒购物的稳定的客户群体"。我提醒大家,想用特价促销活动来营造出一批头脑清醒购物的稳定的客户群,是白费力气。这一客户群想要的是持续低价。鼓励又唤起了干劲,我们要恪守的信条是:"有意愿的人能找到出路,没有意愿的人找到的只是理由。"

时间不长,我们不可避免地面临下一个问题,我问大家:"你们说说,如果我们在不久的将来不搞促销活动了,那我们该怎样做广告呢?"

终止发行实用广告和抛弃基本商品模式

迄今为止,我们和其他零售商一样,主要做一种大家用带有嘲弄和轻蔑的口吻称为"五花肉式广告"的广告。在这种实用广告里,登出的产品图片真实清晰,标出的价格清清楚楚,不像那种用上光纸印出来的高级广告,在绚丽壮观的风景里,打扮俏丽的模特做出各种姿态。"五花肉式的广告"真实、老套。在零售商行业里,这种传统的印刷广告一直是有效宣传的主要手段。现在的问题是,如果我们不能再向公众宣传特价促销活动,那么我们为什么还要发行这种广告?

这就引出了另一个问题。在商业行业里,人们常常谈到"基本商品"这个词,这种商品不是指塞在角落不引人注目的商品,相反,它们是非常重要的商品,据说顾客能从这些商品的价格上推断出整个商店的价格水平。顾客见到黄油便宜,便想:呵,其他东西也会便宜!简言之,人们将此称为"基本商品效应"。

没有人能记得住所有商品的价格,人只是记得两三种他自己经常买的基本商品的价格。这种基本商品四处都有,如面包、黄油、牛奶、咖啡、巧克力等等。果味酸奶就有点复杂了，因为它的包装大小和口味有太多的选择可能，因此很难做价格比较。在日化卫生保健品商店里，尿不湿、洗发水和卫生纸属于基本商品。洗衣粉过去属于基本商品，但自从有了众多的花样如粉状、块状和液体之后，它就不再属于基本商品了。

思考持续低价和广告的可能性，焦点现在集中在基本商品上。零售商金科玉律般的法律条文规定，基本商品价格必须特别便宜。又曾发生过一件事，一个重要的经历让我获得了一个全新的想法。

有一次，我访问位于多特蒙德郊区霍尔德的dm分店，和往常访问分店时一样，我喜欢站在收银台旁边，帮助顾客装东西。在这种场合我总是很容易和顾客交谈，了解各种情况，知道顾客喜欢dm哪方面，或对dm哪些事不满意。有位上了年纪的女士买了雪绒花牌乳糖，这是一种非常普通的商品，但今天几乎无人知道它了。老年人消化系统有问题时，喜欢服用这种乳糖。传统商业的看法是，乳糖和库基登特牌假牙黏合膏一样，属于一种边缘产品，无论如何，它算不上基本产品。这位女士一次就买了8包雪绒花牌乳糖，我们店里能有这么多的存货，还真是奇迹。拿出乳糖，她的购物筐空了，她就买了这种商品。

这让我觉得有点好奇，我和她搭讪说："您可买了不少乳糖啊。"

她回答到："是呀，是呀，我总是在这里买，我专门乘电车跑过来的。"

我又接着追问："今天专门乘电车过来买东西？"

"是的，我住在多特蒙德北边的养老院里。我退休了，乘电车不要钱。所以我乘电车来到霍尔德你们店里买雪绒花牌乳糖。"

"为什么您要在我们这里买呢？"我想知道得更清楚一些。

"你们店里的乳糖比别家的要便宜两毛钱，所以我还为我的朋友代购了一些。"她笑着告诉我这些信息。

"这可要花费您半天的时间呀。"我很惊奇。

她摆摆手："没关系，我有的是时间。"

她的计算方法很有说服力。时间对她来讲不值钱，但8包乳糖，每包节省两毛钱，这对一位退休老人来说是不少钱，所以跑远路也划得来。

我突然恍然大悟：对这位老妇人来说乳糖就是基本商品！因此，关于基本商品的理论是不对的，每个人都有自己的基本商品，这是完全个性化的问题。清楚价格的舒尔兹夫人和注重价格的施罗德夫人各有自己不同的基本商品。要是她们其中一位对家里的东西开一张清单，她会得出结论，她家里dm的各种商品大概多达35件。要是问她为什么在dm店里买东西，如果这35件东西中的某一件是她在dm买东西的理由，那么对于她来说去dm购物就是值得的。

每件商品都必须便宜！

围绕持续低价的问题，我们进行了多次讨论。在一次讨论会上，我讲述了我的这次经历和从中得出的认识，这对大家都有所触动。很快大家都得到了这个确凿的结论：

我们卖掉的每一件商品都是顾客需要它才买的。顾客不需要的东西就不会去买。没有人是为了支持dm这个牌子才来我们这里买东西的。顾客买他们需要的东西,不管是假牙黏合膏、乳糖或是刮胡刀,他们定期需要的东西,便是他们的基本商品。接着我们抛弃了关于基本商品的旧模式,取而代之提出了新的理念:每件商品都得便宜!

我们还做得更超前一步,因为我猜想:"要是我们的乳糖不是便宜两毛钱,而是便宜五毛钱,我们将卖出更多的乳糖。"过去在特价促销时,我们主要是为基本商品和周转快的商品做广告,现在我们将非基本商品的价格也持续降下来。竞争对手嘲笑我们说:"给这些东西降价,这是何等愚蠢之举,我们正是在这些商品上赚钱的。"

可正是因为我们持续降低了价格,会有更多的女士乘电车来dm购物,有些人在买东西时还会得出结论,dm所有的商品都便宜。

我们的竞争对手至今还不能理解这一点。大部分商人还在继续围着所谓适用于所有人的基本商品做文章。他们根本没觉察出来,基本商品对于像舒尔茨或施罗德夫人这样的顾客来说,根本不能作为标准。洗衣粉有多贵,对住在养老院里的老妇人来说无所谓,因为她自己不洗衣服,养老院替她洗。

相反,我们把每件商品都看成基本商品,因此就必须使每件商品都带来效率——而且比竞争对手拥有的效率更高。顾客反正知道,那些经常登载在广告报纸上的商品今天在这里便宜,明天会在那里便宜。追逐特价促销的猎人乐在其中,天天将广告版从前读到后。他们发现:噢,那里卖便宜冲击钻打孔机！我得马上去买。实际上他已经有了三个打孔机摆在地下室里。

我们从开始讨论持续低价问题，到迄今还没有得到答案的问题：今后如何为dm做广告？这些问题导致了我们先是对整个营销方案提出了疑问，然后推翻了旧的做法。造成这种状况的原因可归结到一个新的广告公司。这个广告公司之前对dm完全不了解，也没有先入之见，因而我们得先向他们介绍我们的公司。当我们必须向人解释我们公司业务时，我们自己开始提出了问题。这就像一个典型的学习过程：作报告的人学到的东西最多。补习功课的学生也许聪明，但补习功课的老师肯定聪明。

当时的情况也是这样。我们一开始只是考虑用什么新的广告方式来取代实用广告，现在问题突然变成了我们得考虑，我们本来的宣传口号是否还正确。从1973年以来，我们的口号是"大品牌、低价格"。这口号是否正确？是否符合dm的情况？我们明确地感觉到：答案是否定的。广告没有切中实质，那么真正的实质内容是什么呢？

dm颠倒广告内容

当时，美国广告公司扬&罗比凯在德国分部的领导英戈·克劳斯向我们提出了这些简单但关乎生存的重要问题。克劳斯在2012年被收入德国广告名人堂，我在颁奖会上作了致辞，深深地感谢他在我们公司当年变革的过程中给我们提出了十分有价值的问题，帮助了我们。

他和他的同事专业的目光审视，迫使我们对过去20年的工作成果逐一观察思考，我们的榜样、我们的哲学、我们的领导理念及我们的组织结构：为什么顾客应该到我们商店购物？我们的任务本来并不是用低价格出售大品牌，那样实际是廉价超市的刻板思维，瞬间我们又重新回到了五花肉式实用广告的老套上去了。可是，我们的愿望是帮助人们去满足他们的消费需求，提升完善他们的消费需求。这又回到了主题。层层追问，我们的思想内核越来越清楚了。我们要把善良的人作为中心，而不是去看重他暗藏的欲求。我们一起讨论了我们关于人的看法，讨论了歌德的戏剧《浮士德》中的序幕。

我们接受上帝对人的实质的积极的看法，他虽然认为，人是有瑕疵的——"人只要去追求，就会误入歧途"，但与此同时，上帝相信，人会在错误中学到东西，有能力重新回到正道上来："一个善良的人，纵有暗流般涌动的欲求，可他清楚何处是正确的路途。"

我们dm想翻转广告内容，证明人们来到世界上不是为了尽情长久地躺在吊床上享受，也不是为了尽情地塞满美食。我们过去和现在都坚信，人们想学习新的东西——这并不是说，他们是必须被教育的人，不是被动式，而是说，他们是主动的：人们来到这个世上是想学习的，是有设定目标的，是想改变事情、想超越自身的。因此，我们不想采取魔鬼般的诱惑方式去针对人暗藏的欲望来做广告，而是想去唤醒人本真的愿望。

我们给广告公司的年轻人讲述了我们所有的想法，让他们在创作组里反复推敲，这样他们在酝酿了一段时间后，给我们带来了一句完美的口号："在此我是人，在此我购物。"

这句广告是多么的简单,可又是多么绝妙。大家根本没有异议。这句话改自于《浮士德》中的一句引言,这句引言在《浮士德》里同样有着重大的意义。浮士德和他的助手瓦格纳在复活节时出门散步,冰雪终于退去,他们欣喜地享受着大地裸露出来的美丽。浮士德将过去的一切消极的想法抛在脑后,重新发现了他以为已经失去了的生活乐趣。这种情况下他说出了这句话:"在此我是人,在此我可以作为人存在。"

"在此我是人,在此我购物"成为dm的新口号,这口号我们一直用到今天。没有什么比这句话更能确切地表达出我们的哲学核心。我在dm是作为人购物,而不是作为顾客、作为消费者购物。dm不是那种盯着我的钱包的企业,这个企业向你展示的是:"你在dm购物,这里可以满足你的消费需求,也可以说完善你的消费需求,正是为了这个目标,我们在这里恭候你。"

"在此我是人,在此我可以作为人存在"

1992年至1994年那段时间,我们实行了持续低价和尾数为5的价格,废除了特价促销活动,发展出了一个新的广告口号和对话式的营销政策。这些变化成为dm的转折点。从此,我们对外的一切表现行为都要符合于我们内在的主导思想,无论是在哪一方面、无论会带来什么后果都要坚持如此。我们背离了常规诱惑人的、引导人的方法,回到了真实的自我存在。营销成为引力,而不是压力。

营销政策的改变，特别是坚持从顾客的角度出发去思考问题，这一政策引导我们在几年后找到了如何有意义地为我们的分店和商品做广告的真实答案。我们以前的广告像是一个人拿着一杆破枪射向旷野，希望能得到点回应。这种方式我们得完全放弃了。但是，要等待市场上发展出符合我们的观点和意见的方法，还要有一个过程。

我从自己的具体生活经验中得出了确切可行的方法：在和顾客的直接交谈中，如果我了解到顾客一般都买些什么，我很容易能让顾客对新的商品感兴趣。那位来自多特蒙德的购买乳糖的老妇人，或许也对李子干或酸菜汁感兴趣。我总是对人开玩笑说："告诉我，你买了什么东西，我就能告诉你，你是什么样的人。"这玩笑里含有真实的内涵：我越是详细知道一个顾客买的东西，我就越容易向他提供商品——这种方法非常明智。在一次采访中，我说我喜欢坐在收银台，从那儿我可以观察到顾客的购物筐里都有什么样的东西。主持人非常吃惊地大声叫道："哎呀，那可是一个人的隐私呀！"也许他在日化卫生保健品商店里买的基本商品是一盒避孕套吧。顾客购物筐里的东西并不都是些个人的隐私物品。而筐里的东西总是富有启发性的：一位顾客从来不买婴儿食品，那他很可能没有婴儿；一位顾客从来不买剃须刀，那他可能是位女士；一位女士从来不买卫生巾之类的用品，那她可能已经50岁以上了。

在德国现在每天有超过150万的人在我们店里购物。我们不可能逐一去认识他们，尽管我们非常愿意这么做——能与他们作为人去相遇。在2000年，市场上引入了回报卡，这是一种现代化的折扣系统，顾客根据他购物的价值积攒点数，然后他可以按自己的喜好将点数换成奖品、代金券或现金。我们dm是回报卡的第一批参与者，目前有超过40家企业参与了这一系统。德国大约有60%的家庭拥有一张这样的回报卡。在我们公司，大约同样比例的营业额是由持这种回报卡的顾客创下的。

顾客得到的回扣大约是1%。这个让步范围也与特价促销时的让价范围差不多。与后者的主要区别是，顾客觉得所有商品都有回扣，不管买什么货、什么时候买都一样。持回报卡的顾客同意我们根据他的购物情况得出结论，哪些商品可能对他重要。就像网上购书或网购电影票，当人们网购了一段时间，定了足够量的书或买够了一定数量的电影票，而且认为还不错，他们就会得到新书或新电影的推荐。同样情况，我们现在可以根据顾客的商品选择提供适合的商品。

基于法律规定，我们不能详细知道每一位顾客在我们商店买了什么东西，但我们可以通过数据分析知道每一个商店卖了什么东西，还可知道邻近分店的其他持卡顾客买了什么东西。这样我们能够得出相应的结论。如果我们在某个城市开新店，我们可以根据回报卡提供的数据，知道如何提供商品种类，例如是否应该特别扩大婴儿商品供货量，或者是否应该扩大美容化妆品部门。我们可以给新店周边的未来的顾客发信，告知我们新店开张。同时，我们也在信中着重宣传他们或许特别感兴趣的商品。用这种方式，我们能贴近顾客的愿望，但不会给顾客有一种强迫感。

> 信任使人完善，一味包办代替妨碍人的成熟。
>
> ——约翰·戈特弗里德·费赖

第十二章　价值形成的核算
或 为什么在dm没有人工成本，
在年终核算中看不到盈利

几年前我参观了一个小学，有个爱抢话的男孩突然问我："你说说，你是从什么时候开始工作的？"

我想让他自己动动脑子，于是给他出了个难题，反问他："那你说说，究竟什么是工作呢？"

有一个精明的小姑娘立刻喊道："工作就是能挣好多钱！"

"是吗？那你的妈妈、爸爸给你做早餐，给你洗衣服——这些不是工作吗？"

此时，孩子们陷入了冥思苦想。后来有一个女孩说："我妈妈也不是爱干这些事的，但她还是得去做，因为她爱我们。"

孩子们在讨论中随口说出的东西，也是许多成年人脑子里想的：工作是为了得到报酬，除此之外就是出于爱和乐趣。要是工作同时带来乐趣，人们就会陷入进退两难的思考。其实问题很简单，只要我们设想一下，我们究竟为什么工作，就容易将两难的东西连接在一起。我们不是为我们自己而工作，而是为了满足他人的需求和愿望。人们可以用各种方法来计算工作的价值——钱只是其中的一种方法，而且还不是一种特别好的显示价值的方法。

有些人相信报酬高的工作比那些报酬不佳的工作更有价值、更重要。但扪心自问，我们都知道，这样说纯属瞎扯。因为，有许许多多重要且有价值的工作，却没有人为此付过哪怕一分钱；还有许许多多无用而且多余的工作，为此却支付了上百万。因此，我们应该想到，所有人的工作，即便是没有报酬的工作，都是有价值的。甚至没有报酬的工作更有价值。一个人挣的钱越少，大家对他的工作的认可就越重要：尽管钱少，他还是去做这份工作。

这是一个纯粹的意识问题。我要是允许管理我汽车的司机比照看我孩子的保姆或是在养老院照顾我母亲的护理员挣更多的钱，那这就不是钱的问题了。许多中学毕业生更愿意学习成为汽车机械师或机电师，而不是去学习怎样护理老人，两者在提供的职位和求职人数以及工作和报酬上有天壤之别。比起汽车机械师，我们的社会更加急迫地需要幼儿园的老师和老人护理人员。但是，我们的社会给予从事这些工作的人员的报酬很少，原因是缺少尊重。因为管理银行账户的银行雇员比管理他的孩子的育幼师挣的钱更多，因此也就得到更多的认可。我再重复一遍，这只是纯粹意识上的问题。

在我们的组织机构中，为了形成尊重每一个人的工作价值的意识，我们在dm很早就开始思考，如何能够从企业经营角度来为员工之间相互的尊重创造条件。我们的目标是：在企业中创立企业经营式的行为。每一个人都是一个企业家，他自主决定，拥有创造力和主动性。这可是给了传统财务部门一记耳光，他们的用词是："谢谢您的工作，您又将成本增加到了……"

巨大的区别：人工成本和员工收入

仅仅听"人工成本"这个词，就让人发问，这是什么意思？这是一个完全错误的概念，与实际情况并不符合。同样，在我们的社会中，有许多概念与现实情况根本不相符合。

名词概念就像工具，选择错了，人们相互之间就不能沟通。就像人用榔头拧一颗螺丝钉很难达到目的一样。要想拧紧一颗螺丝钉，你需要一把螺丝起子（或像手工业行业培训中正确的叫法：螺丝刀）。"人工成本"暗指员工是一种成本耗费。在所有大学里讲授成本核算时是这样讲的："毛收入减去人工成本……"这样，在人的头脑中形成的看法是，员工削减了成果。

这种看法是错误的。我认识大批企业家，差不多大家都在谈"人工成本"。但我还没有看到一个企业，其员工真正减少了企业的收益。情况总是相反：员工带来了企业的收益！这是完全不同的思维，是一个截然相反的过程！

员工通常列在公司表格成本一栏中，而不是在收入一栏里，这一点甚至以一定方式写在劳动法中。从法律上看，面对企业，员工是外来因素，这些都写在员工工作合同里，正因如此，需要有一种合同关系。如果员工是企业的一部分的话，那么就没有人需要一份合同。把员工看成是外来因素这个法律事实不可避免地导致了成本计算的这一结果：按一般账目规则，一切为员工支付的费用，都要计算为企业开支，而不是被看成获得盈利的运用。

认为员工会减少收益的思想，会带来下一步的想法："噢，业绩不好？为了减少开支，那我们必须裁员。"这种行为是何等的愚蠢，因为这样一来就没人去干活了。这种方法减少的是成果，而不是开支。

在此，正确的而且与内容相符的表达是"员工收入"。我们思考的问题是：如何能使业绩的产生与现实相符合。也就是说，如何形成一种与现实相符合的损失和收益计算？通过一个简单的比较，我们可以看清楚这一点：过去农民在他的土地上辛苦劳作，获得了收成。他将收成按重量计量，然后分出多少作为种子（投资），还有一部分留给家人（工资和收入）。

拥有透明工资体系的团结整体

不少企业家们认为，我们的企业文化是"善人们无谓的喧嚷"，认为我是"晴朗天气下的掌舵人"，因为这么多年来，dm还从未经历过危机或出现过赤字，这是实话。我们还从来没有过赤字。但问题在于，我们是否因此就能容忍一种"软弱的"领导哲学，为"危机打开方便之门"呢？事实正好相反，正是因为我们把我们的文化、把自我领导作为领导原则，把我们的创新精神看作是根本，这才使得我们从未有过赤字，这是一个意识问题。

事实上，自1993年起，我们在dm实行着一种反映我们企业文化和领导哲学的报告制度，财务报告应该将企业经营式的思维方式始终如一地贯穿到企业的各个领域，反映出企业内部相互合作的工作过程。只有当分店领导知道他对整个企业作出了多少贡献时，他才能不依赖上面，自主决定自己的工作成绩，他才能以自我担当的企业经营精神为整体利益而行动。

因此，我们从一开始就实行了一种公开透明的工资体制。许多企业在预算计划时采取的战略是，企业上层掌管着盈利，要是各个部门领导表现得好，才能得到点分成。平时只能勒紧裤带做计划，他实际上没有亏损，但账面上却要做出亏损来。检查和账目公布是这些企业的控制手段。在dm，账目报告的作用是要做到直到最基层的账目透明，以便鼓励自主精神。每一个员工都应该明白，他的行为什么时候有利于他人，什么时候不利于他人。我们不是仅仅想减少分店对上面的依赖性，而是想完全避免这种依赖性。这是一个截然不同的起点。

我们把这种方法叫作"价值形成核算"。我想，我不必特别说明大家就会明白，这一计算体系我们也是通过课题项目组的研究工作发展出来的，在此强调这一点特别重要，毕竟事关整个企业最机密的核心内容，它也涉及所有的部门和分店。当时刚刚进入公司领导层的马可·梅斯科

第十二章 价值形成的核算 或 为什么在dm没有人工成本，在年终核算中看不到盈利

利组织了一批人进行研究，先后有公司各层次的人参与。这其中有负责人事工作的，负责管理营销的，也有区域领导、分店领导，等等。有时候，有些参与人根本没接触过账目报告之类的事。所有的人都得彼此了解对方的工作程序和提供的服务，以此为基础核算出自己的贡献。因此，不必惊讶，这个过程持续了三年多，才基本形成了一个完整的体系。

价值创造计算本来是一个国民经济学的概念。与传统商业法规中的盈利和亏损计算（GvV）方法不同，这里视角发生了变化：在盈亏计算中，提供资本的人了解到，他的投资该得到多少回报。简言之：一个人给另一个人钱，让他经营，到头来经营者至少要将成果的一部分还给投资人。从金融投资家的视野来看，盈利和亏损计算是唯一可信的标准。

现在，让许多人惊奇的是，在读收支结算时，根本看不到盈利。通常许多人称之为盈利的，现在放入了"自有资本"的栏目里。自有资本增加了，负债就减少了，在这种情况下就有了盈利。若是自有资产缩水，负债就增加了，这样就产生了亏损。

如果分店的经营者在亏损和盈利的概念范畴内来思考问题，他们中的一个人就会想，我们会分到点儿东西，而另一个就会认为，这下我得尽力去弥补了，因为一个分店盈利较多，而另一个盈利较少，甚至亏损了。可是，不对，这是误导！我们完全是愿意甚至有必要在某些分店投资，甚至投入要多于回报。在一个团结的整体中，我们总需要某些人多作出能免除我们债务的贡献。我们的债务越

少，发展的可能性就越大。

企业作为社会有机体

如果企业家和企业从社会有机体的意义上来观看问题，那么盈利和亏损概念完全是误导。企业家想为社会解决问题，为顾客创造价值，他需要同路人——也即员工，他们支持着他的工作。所有的人都必须自己衡量一下，他为整体创造了多少价值，为团体作出什么贡献。大家为此或许需要资金，他们得向投资者借钱（负债），然后，在具备条件的情况下，逐步向投资人连本带息返还（债务减免）。

就像是一个有着劳动分工的家庭一样。家中一个人为了减免债务而去工作，而另一个为了大家能吃上饭去采购食品。两者的工作都是必不可少的，否则家人就不能生存。一种工作形成了债务，而另一种工作却为了还债，这两种工作都是不可放弃的。

于是，我们在语言表达上也作了调整：在dm没有盈利的分店，有些dm分店为债务减免作出贡献，有些却还处于需要支援的阶段，必须对其投资。但他们都为价值创造作出了贡献。

因此，我们在会计制度中构造出一个完整的创造价值的链条关系。每一个提供工作服务的人，必须对其工作计算出价格，这个价格会被计入接受他的工作服务的人的账上。所以在dm没有"成本"，只有工作服务。例如信息技术部门的人不产生成本，而是满足整体组织机构中其他部

第十二章 价值形成的核算 或 为什么在dm没有人工成本，在年终核算中看不到盈利｜213

门的需求。这种工作有它的价格，每一个部门必须对其价格自主负责公开透明地进行核算。

我们的价值形成计算的另一个特征是，不仅分店和总部之间提供的服务交换关系透明，而且总部内部各部门之间的服务交换关系也是透明的。在其他企业，总部的开销费用放在一个大锅里，冠名为"共同费用"，有时在令人迷惑的分部账目栏里发现类似"管理费用"或"营销花费"等内容不详的项目，是谁为谁做出的服务，不清楚。相反，在dm，账目完全透明。财务部门处理各部门的单据，为所有的分店服务；但它同时也为坐在总部的各部门如员工管理部门服务，也处理他们的单据，财务部门为此写出内部账单。而且，即使为员工管理部门的服务是与分店服务相关联的，也要做内部结算。这样，我们的账目报告反映出整个企业内部相互之间服务的交换关系。

这种做法的目的是，对做出的每一项服务工作（无论是对内还是对外）都标示出其价值数目，并使所有的参与者心中有数。每一个分店不仅看到自己经营的成绩和为此支出的费用，他也清楚总部的部门A、部门B、部门C为分店工作而产生的费用。因而每一个体单位体会到自己提供服务的过程是企业相互合作的一个组成部分，它可以通过账目报告了解这一点。服务费用最后不是按某种主观随意的比例进行分摊（结算），而是用预算的服务价格进行"计算"，以便清楚体现内部客户关系的平等对话。

用此方法，我们从销售额中减去商品成本得出毛利额。毛利再分摊到外部服务（暖气、供电、保险等等）、辅助性服务（信息技术、财务检查、后勤等等）和自主服务（员工收入、税费、投资、借债和还债等等）。

有些管理人员认为，这些是多余的废话或是文字游戏。事实完全不是这样！我们的价值形成计算隐藏的内涵是：整个组织机构直到最基层都保持透明度！而其他商业企业远远达不到这种透明度。他们的分店甚至不知道自己经营的收益，他们只是在公开场合不这么说而已。当然几乎所有的企业分店领导都会得到某些数据：毛利。但这数据是在很大程度上做了手脚的。我们可以来说说看。

典型的例子是，在生产商和零售商之间的经济结算有相当多的活动余地。每一个商品在价目表里有一种官方的价格，此外，还有"供货支付条件"，也即各种各样的优惠方式，生产商用此来"贿赂"零售商。例如，零售商把商品放在货架最佳一层或把产品登入广告，就会从生产商那里得到回扣。而与分店的结算用的还是价目表里的价格。奖金和回扣留在了中心总部。总部的服务工作像是一个暗箱，分店的员工不了解他们的真实业绩和费用，因此也不可能抱怨。

这在dm是不可能的：财务部门的价格要是上涨了，而分店不能看出他们得到的服务也相应增加，他们会提出疑问。所以，每一个部门必须时刻准备与其他部门进行对话、回答问题，同时，若能成功地以更优价格提供同一种服务，也会得到其他部门的认可。

施莱克尔公司的增长奇迹

利用价目单上的价格和支付优惠条件之间的活动余地

第十二章 价值形成的核算 或 为什么在dm没有人工成本，在年终核算中看不到盈利

也是施莱克尔公司的重要经营模式。我花了好长一段时间才搞明白，这家日化卫生保健品连锁商店为什么能有如此巨大的增长力。安东·施莱克尔曾学过肉食加工，于1975年才开了他的第一家日化卫生保健品商店，但两年以后，他已经有了100多家分店。到1984年，分店数量又扩大了10倍。自1994年起，施莱克尔公司成为市场的领头人。2007年，还在施莱克尔破产之前，施莱克尔公司一度占据了德国76%的日化卫生保健品营销市场。

银行和一些搞经济的专家因此而总是问我们："为什么您不像施莱克尔那样多开一些商店？"多年来，我总是给出同一种回答："因为我们不必当最大，而必须做最好。只要人长期做到最好，总有一天会成为最大。"现在，经历了35年，这种结果我是绝没有料想到的。早在多年前，我就一直在猜测，寻找原因。施莱克尔取得成就的原因对我而言一直是个谜。

开始阶段，施莱克尔公司无疑是从收购合并日化的卫生保健品老店得到了优势。20世纪70年代初，德国还有约17000个传统日化卫生保健品商店。每当一个商店倒闭关门时，施莱克尔便整装待发，收购老店。与dm不同，施莱克尔对店的面积大小不在乎，即使面积小也没关系，必要时将货架摆得很密集。这样，他开了许多小店。

同时，他在一切可省之处节省员工的开支。经常是一个女店员必须单独经营管理商店，连上厕所都不得安宁。20世纪90年代末爆出了新闻，施莱克尔在发放员工工资问题上有欺骗行为。1998年，斯图加特法庭判决安东和克里丝塔·施莱克尔夫妇有期徒刑10个月，缓期执行，并判罚

款金额100万欧元。他们欺骗员工，说工资是按工资协定支付的，但实际上发的工资低于协定。这种欺骗行为显然符合他们对人的看法。施莱克尔夫人认为员工偷懒，施莱克尔先生相信员工很贪婪。其领导的主旨叫作"检查更安全"。施莱克尔建立起一套严格的监督系统，分区领导检查员工的提包、存衣柜和汽车。在商店里装着摄像头监视员工。人们传说，为节省开支，施莱克尔分店里连能够报警的电话都没有安装，小偷听了后便登门拜访，安心地随便出入。

但是，无论是病态的贪婪还是所谓便宜的商店房租都不能解释他快速发展的原因。虽然施莱克尔不仅通过自己的力量增长扩大，而且通过收买其他公司的商店来扩张，但我估摸着他的壮大必然还有其他原因。

1994年，当我们得知生产商为施莱克尔供货时给予的那些优惠条件时，才识破了全部真相。当时施莱克尔第一次公布了公司经营结算报告，我仔细读了报告后得出结论，施莱克尔公司每平方米的营业额是4800马克，远远低于同行业的平均水平。尽管我们的分店大小不同，但我们自己每平方米的营业额超过了1万马克。他们的人员成本也令人叹息地达到了高峰。之所以说令人叹息，是因为人工费虽高，但商店里雇员少，而且工资低。具体情况如何，当时人们还不知道。就是商店租金，他们也不得不比我们多付钱，因为我们订的是长期租约，可以通过协商得到好价钱。这样剩下的渠道不多了，谁要是处处比竞争对手多付钱，就得找其他地方节约钱。

但当我看到施莱克尔的库存价值（四亿六千万马克）

和欠供货商的债务高低（五亿五千万马克）时，问题就变得透明了。我们公司的同一比例关系为一亿两千马克和五千万马克。简单解释一下：供货商给予施莱克尔长达一年的付款期限，就等于给了他高达三亿六千万马克的免费贷款。这是许多人梦寐以求的事：今天供货，一年以后付款。这种支付条件使施莱克尔一年大约节约了三千万马克的利息，用这些钱他能一个接一个开新店。

这还没完，还有一个公开的秘密：绝大部分施莱克尔的供货商为新店开张免费提供开张的首次商品。说得更明白些，施莱克尔每开一个店，生产商就为他的新店赠送一批货物。应该强调一下：零费用！这样开新店真是件开心的事。行业里再没有哪个公司能和生产商达成这样的优惠支付协议。施莱克尔用这种方法在其经营中像滚雪球一样，通过不断开新店来从经济上支撑老店。每年平均开300家新店，生产商用这种助产士的帮助方式提供大约三千万马克的资助。这也说明了，为什么后来施莱克尔破产后，没有哪家银行受损失，他从来不需要一分钱的贷款。

"施莱克尔——行业中最无成效的企业！"

这种行为令我感到气愤，于是，我于1994年8月给生产商写了一封公开信，谴责这种扭曲的竞争现象。最重要的是，我写了这样一句话："施莱克尔是行业中最无成效的企业！"从而引起了报纸上的轰动。我首先指出了施莱克尔滚雪球似的连环机制会引起的戏剧性的发展后果，我责问生产商，他们是否"丧失了对他们行为可能发生的后果的观察力"。然而整个事态没有任何改变，而是劲头十足地继续发展，直到2012年1月才引发了破产。

施莱克尔省钱的强烈欲求，使他甚至让供货商担负起他扩张的花费。每开一个新店，他让生产商给他付一笔金额。我曾读到过他用打字机写给供货商的一封信。当时他刚刚建好一处货物供应中心，这是一种存放和分流货物的仓库，他用廉价的方式建起了多个这样的仓库，最终大约有20个地区仓库，实际上，这些仓库是完全没有效益的。

总之，他信里的意思是这样的："尊敬的女士们先生们，我们在施内威尔丁根修建的仓库现在开张了。我们为此投入了1200万欧元，按照贵厂商品在我们公司的销售额中所占的比例，您应该支付我们3560欧元。请您将金额转到下列任意一个银行账户上。"生产商也确实这样做了，他们那里的某些推销员，或许每卖掉一集装货架商品就能得到奖金，为这事付几个钱没关系，"这又不是他们的钱"。另外，他们推测，施莱克尔会用比别人高的价格来买他们的商品。

当时，在我1994年写了那封公开信之后，听到的反应是："维尔纳先生，您要是愿意，您可以得到和施莱克尔一样的付款优惠条件。施莱克尔买我们商品的价格要贵一些。"供货商虽然给了施莱克尔较长时间的付款优惠条件，但给出的商品优惠折扣很小，所以他的价格根本不可能与我们的一样。当时，我们刚刚完成了持续低价的价格转变，而施莱克尔总是最贵的一家。到了最后，施莱克尔的商品价格甚至比我们的要贵17%。尽管如此，他的商店在公众的眼里还是有着廉价的形象。因此，当年施莱克尔的顾客如今在我们商店购物时，他们常常对我们的便宜价格感到惊奇。当时，甚至有些售货员在施莱克尔工作，却在dm商店买东西。

另外，不仅施莱克尔对我们的持续低价策略反应非常愤怒，就是供货商也对我们不满，嫌我们不做促销活动，而是搞起了持续低价。原因是所有的竞争对手都相信我们从供货商那里获得了更优惠的价格，都想与供货商进行更多的协商。许多人提出，如果保持价格不低于一定的界限，生产商应该支付一种"维持价格的折扣"。这就清楚了，零售商有意向顾客出售高价格的商品，还想为此从生产商那里得到奖励，这是荒唐的。

我们比别人更有生产成效，这是一个简单的事实。当施莱克尔拥有13300个分店，上升为"欧洲最大的日化卫生保健品销售业主"时，他们连锁店的营业额为65亿欧元。而dm那时在德国有660家分店，在欧洲有843家分店。只是施莱克尔的十分之一，但dm的经营销售额为28亿欧元，也即平均比施莱克尔的销售额多出40%。简言之，dm的每一个分店的销售额比施莱克尔的要高出4倍。说明来我们商店的顾客更多，我们的营业额也更高。

我们任何时候都没有得到生产商的资助，而是相反。例如生产牙膏"阿罗娜尔"和"埃尔梅克思"的厂商就和我们闹过矛盾。我们在实行持续低价时，将两种牙膏的价格标为3.95欧元，生产商突然对我们表示供货有了困难，还在另一场合抱怨我们有"必须要比施莱克尔便宜"的雄心。我们明白了所谓供货有困难的原因。在他们的压力之下我们屈服了,因为我们不想让顾客得不到这种商品,我们分厘不差地标出了生产商要求的4.43欧元的价格。不过我们在货架上标了个牌子,向顾客解释了供货商的要求,并且,我们向联邦卡特尔局对供货商提出了指控。

施莱克尔的作为很少是为顾客着想的,还得到了生产商的奖励。大家都是事后变得聪明了。2012年3月《商业日报》上的文章解释道:

> 这是一个自己制造出来的问题,这个问题从一开始就伴随着施莱克尔,对其生存产生威胁。与他的销售额相比较,施莱克尔的成本明显高出竞争对手,仅仅看看那些众多的销售额低的小店和众多的雇员。……银行在施莱克尔的巨大的领地里也会有提供贷款的安全问题。但银行也不必提供贷款,因为施莱克尔基本上是靠供货商的贷款生存的。这种像滚雪球式的经营方针,最终下场应该是自食苦涩之果。因为他的倒闭并没有严重威胁到哪一家银行,所以也就没有哪家银行对拯救施莱克尔感兴趣。

> 顾客没有机会能够看清,施莱克尔是这样玩弄他们的;雇员们别无选择;而生产商积极参与了这个游戏。对生产商而言,危机是可以看清的,因为供货商的供货贷款是在奥伊勒·赫尔梅斯保险公司做过再保险的。随着施莱克尔的破产,保险公司损失了上百万,就算是保费以后会提高,生产商也不用付钱。最终生产商可以将保险费作为"生产共同成本"计入产品价格。而最后为这种冒险的经营买单的还是消费者。

得到工会赞扬的平价商店

不管怎么说,施莱克尔是dm的一个非常重要和有价值的竞争对手。我总是对人讲,如果没有施莱克尔公司的话,我们也得发明一个这样的公司。当时人们一再问我,为什么我对施莱克尔的破产感到遗憾,尽管大多数人对众多失业的女员工的命运也感到痛心。我总是答道:"这很清楚,人们总是拿奥迪和宝马与奔驰相比较,拿我们和施莱克尔相比较,这对我们来说可是再好不过了!"

人生活在比较中。在与施莱克尔的比较中,我总是很容易解释dm的特点。无论是从供货商角度、从银行角度,还是从顾客的角度,都能得出非常鲜明的结论。

当施莱克尔还存在时,有一次,《世界报》这样报道,说我们"在企业领导方面与市场的领头人施莱克尔有着巨大的差别"。其标题是《得到工会赞扬的平价商店》。文中提到我们dm是如何工作的:在使用信息技术方面领先,我们比其他公司更快地分析了持回报卡顾客的数据,从而提供出合适的商品。

"dm使无法超越的高效生产力成为可能。该企业之所以能达到这个水准,归根结底在于dm的领导在重视人的同时也承认机器的重要作用。"在德国,这样一篇新闻报道真正引起轰动的地方在于:一个领导人不仅看重机器,不仅仅如此,他还承认人的重大意义!

文章的字里行间透露出了记者的惊奇,dm员工被当作成熟的人来对待:"尽管有些'华德福—廉价商店'的批评人嘲笑dm的领导人把卖牙膏和有机麦片看成是赋予员工意义的行为,但dm在许多领域中已经成为了整个德国零售商的标准。"

把人当作人来对待,许多人可能认为这只是一个古怪的想法。我坚信,经济活动的目标只能是互惠互利的活动,而没有其他目的。价值形成计算反映着这种思想,而且同时证明,无论是机器还是数字都是服务于人的,而不是为了压制人、奴役人。

甚至最持有怀疑态度的人也相信我们的成果。各种媒体惊奇地报道dm的经营过程。2004年记者在《麦肯锡知识》杂志中写道:

过去企业经营的数据是领导的最高认知,区域领导的文件夹里充其量装的是销售额和特价甩卖的数据。今天,无论是分店、分区、地区还是总部的部门,每一个单位都获取到他们每个月的价值形成计算,这是dm自己的计算方法。这个计算方法反映出了内部和外部经营伙伴的工作成绩,包括自己的工作、外部的服务和辅助工作,还包括存货盘点差数、赋税和商品利息、电话、废物处理及广告费用。计算结果得出一个负债或清还债务的数字。

另一个手段是,让员工自己进行各种商品布局的结构分析,使他们成为商品种类的管理员,他们知道每种商品的销售额和利润,知道哪种商品周转快,哪种周转慢,能自己调节货架商品带来的创收力。

员工们还可以根据商品的价格竞争的具体情况,必要时,自主负责调整价格。有的分店有1500种商品是自己定的价,也即价格偏离了总部给出的定价。分店自主雇用新员工，如果某位员工只想下午工作，也不必请示区域领导批准。员工们自己制定工作排班时间表，每个人写出他希望工作的时间，同时也学会，要使工作正常运转，还必须和同事们相互协调。

人们能在字里行间直接感觉到，文章的作者、新闻记者斯特凡·沙耶特表示出的惊异，但他理解了，我们dm感知人和对待人的方法是我们取得成功的重要组成部分，由此他在结尾这样写道：

人在dm确确实实是最重要的资本，公司创始人维尔纳先生由此而大胆地进行了会计领域的一项革新：公司将员工的工资不再看作是成本，而是看成生产因素——这是一种值得大家都为之投资的因素。

概念是思路，企业家是园丁

dm的许多词语让许多人感到很陌生。这里我公开承认，我是一个概念的崇拜者。我坚信，我们只有使用正确的概念，才能引导一个大企业。我在谈论成本还是在谈论服务工作，对员工来说有很大的区别。没有人站出来说："我想创造成本！"如果有人说："我想为顾客提供更好的东西，我想提升我们的工作业绩……"这样，想法就产生了。我们在会计部门谈成本，但也非常有必要谈工作业绩，以便我们能为顾客服务。

概念是思路。谁要是想改变世界就必须找到新的概念，概念之所以叫概念，是因为我们用概念去把握世界。[1]如果我们运用的是错误的概念，那么我们就不能正确地把握世界；如果我们不能正确地把握世界，我们就会犯错误；如果我们犯错误，就不会有成就。

因此我们也不再去讲"拴住顾客"。人们总是倾向于去用这些常见的词语结构，但是，在一次讨论会上，我注意到这个概念本身是不适合的。我问大家："您愿意被束缚住吗？"所有人都摇头。"没有人愿意被束缚住的话，为什么我们还要绞尽脑汁想法子拴住顾客呢？"我们开始思考这个问题的实质是什么。后来我们想清楚了，我们想让顾客与我们相关联，这样一来，意义就完全不同了。

我也思考过"盈利"一词的含义。许多人想，盈利是一件大好事，多多益善。企业通常举行大场面的新闻发布会，宣布他们的盈利额提高了多少。让我来说，盈利使人变得保守，给思维增加了惰性。我们只有坐在椅子前部的边沿上才能保持工作状态、保持清醒的头脑，才能接受新的东西。我们只有稍微感受到危机之时，才会使自己保持最活跃的状态——当然，这里不能危及生命，因为恐惧不能使人产生好的建议，只会摧毁人的各种创造力。到了年终，倘若我们获得了许多"盈利"，那么说明，我们可能做错了什么，说明我们在人员方面投资太少，也就是说，不是为顾客投资太少，就是为员工投资太少。

我不是通过价值的概念来描述企业，而是尝试去全面地介绍一个有机体概念。一个有机体不是一个丁零当啷发

---

[1] 德语中"Begriff"一词作为名词时意为概念。作为动词时"begreifen"意为领会、把握。——译者注

出声响向前挪动的机械物,而是有增长也有减缩——能让人感到喜悦,也能让人感到遗憾的实体。在一个企业有机体里,其发展过程有两种不同的质量:创造业绩的过程和变革的过程。变革的过程会干扰业绩的过程。

企业家必须像园丁那样去关心和照顾这个有机体。如果他让田野荒芜了,那么土豆就会长得不好。他必须浇水、除草,或许还得给西红柿架架枝,修剪过于茂盛的枝叶。

正像园丁一样,企业家或企业领导必须创造出环境条件,使企业能繁荣茂盛,发展壮大。我们不能操之过急,去拔出小苗来看它的根是否有所成长。成果不是强迫得来的,我们对此得有耐心,有信任感,得坚持不懈地努力。使用一种物质和机械的方式,我们不能使一个企业产生生命力,最终只能是去剥削。一个有生命力的有机体呈现出来的是生长和萎缩、创新和衰退各种现象。因此,我们不去谈扩张,而是去谈再生。如果我们能使企业休憩再生,企业发展的趋势也就随之而来,这一趋势不可阻挡。就像人的器官,细胞更新得越快,头发或指甲就生长得越快。如果细胞停止了更新,不断地死去,那么最终整个有机体也就会死亡。

我们提出生命有机体的原则,是因为我们相信,只要用正确的方法撒下种子,营造出合适的生长环境,我们的种子就会发芽成长。正如在大自然里,春天的到来改变了生长的环境条件,种子突然苏醒了,开始发芽。春天是真正的诱发力,此时的空气闻上去就是不一样,天空撒下了第一缕温暖的阳光,万物滋润,突然间种子开始发芽。

春天的引力吸引着种子冒出地面,园丁根本不必过多地操劳。因而我们的领导文化也同样不想制造压力,而是想创造出这样一种吸引力。

与施莱克尔不同,增长对我们来说从来就不是自我目的。比不断革新更重要的是发展现存的东西。健康比增长更重要,这是一个关键点。因此我们从来不讲扩张,我们称这个过程为"恢复再生"。

确实,这是不同的过程。但是,一个是另一个的前提条件。如果我的焦点只集中在增长上,会忽略恢复再生,经验可以证明这一点。例如施莱克尔公司为什么会失败,因为它虽然增长了,但经营模式没有得到更新。许多企业有一天不再具有竞争能力了,就是因为他们没有更新他们的实体内容。

相反,有机体的过程是:我更新的我的实体;因为我更新了我的实体,我就有了充盈的力量;充盈的力量就引发增长。或者换一种比喻:只要金龟子给自己打足了气,您根本不可能阻止它飞起来。

> 人不可能教授某人什么，而只能帮助他自己在自身发现这种东西。
>
> ——伽利略·伽利莱

第十三章　培训
或 为什么在dm没有学徒，却有上千个愿意学习的人投身于文化的探险之中

"在顾客的满意度这一项上，目前没有哪家日化卫生保健品连锁店能和dm相比。"2012年底，专业报《地平线》这样评价道，"慕尼黑晴雨表调查服务股份有限公司对2012年度德国消费者作了调查，顾客反馈这一项显示，顾客对dm的平均满意度达到1.93分，是自1993年开始问卷调查以来的最好的分数"。dm的顾客不仅赞扬我们的总体服务和商品性价比高，他们还特别赞扬卫生清洁度、商品的多样化、自主产品，以及友好的工作人员。

20年来，我们在顾客调查各方面的排行榜上名列前茅，这一事实也许会让我们松弛，但万幸的是，我们能够

做到一直对自己保持高要求。显然，我们在1982年制定的顾客准则一直成功地伴随和引导着我们：

面对竞争对手，我们希望运用一切合适的销售工具为消费者展示出我们自己的特色，以此赢得自主决定消费行为的稳定的客户群，以我们的商品、产品和提供的服务完美满足消费者的需求。

我们不仅能够赢得自主决定消费行为的稳定的客户群，我们还做到了在竞争对手中突出我们自己的特色："很少有一个品牌如此成功地坚持达到自己的目的，令人印象深刻。"2012年1月，专业杂志《广告和销售》中报道了汉堡市场调查研究所mafo.de的一项调查，"dm在知名度、市场形象、独特性、口号强劲有力等各主要项目上获得了首屈一指的地位"。

顾客如此喜欢dm，不言而喻，这要特别归功于我们dm人与人之间交往的方式方法。毕竟我们的工作基于这样一个简单的准则："我如何对待我的同事，他们也就如何对待顾客。"

这种认知的基础同样是出自1982年制定的员工准则：

我们希望给全体员工提供机会，大家互相学习，彼此以人相待，承认他人的个体独特性，以便创造前提条件，愿意认识和发展自己，能够胜任交付的工作。

第十三章 培训 或 为什么在dm没有学徒，却有上千个愿意学习的人投身于文化的探险之中

人人都清楚，这些话讲起来容易，做起来难。相似的句子也都写在许多公司的册子里。但这里要再次提醒大家，我们和其他公司的区别在于，dm的这些表述文字不是由某个时髦的广告公司写的，而是由员工自己一句一句加工出来的。我们一直是以这些条文作为我们的行为举止的合约基础。

彼此以人相待。如何做到这一点？人意味着什么？承认他人的个体独特性，这一承认到什么程度，会怎样快速地触及其界限？我们要接受它还是克服它？认识自身和发展自身，我具体该怎么做？我真的想这样做吗？我能这样做吗？

承认每个人的特点，与一起共事的、有着个人性格特征的人打交道，这对我们每个人来说是一个长期的挑战。同样，挑战还表现在，要将企业塑造得在其中共同工作的人得到他们发展的可能性，让dm作为一个团体在其领域起到榜样作用。目前，我们在欧洲范围内有2800多个dm商店，有约46000个员工，但数字的背后总是具体的你和我。每一个dm员工都得学习和训练自己，每天在新的基础上平等对话。共同工作和共同参与的机会给人带来乐趣，但也要求人要积极主动地共同思考和共同行动。从第一天起，每位员工就承担起一份责任，这就要求，他必须乐于与人交往，对dm和dm经营的商品有正常的好奇心和热情。团队精神是前提条件，人与人之间必须相互适应、相互支持。个人受益于别人的知识，人人相互学习。

预先学习是毫无意义的

除了一些关于企业文化的学习讲座外，dm从来没有由公司统一计划和组织的专业训练项目，独立自主性不是用快速的学习方法就能掌握的。许多企业举办有规划的讲座和演示讨论会，以此传授预先准备好的知识，我们不采用这种形式。而且，等有了一种职业培训的需求，再把这种需求变为教学方案，举行相应的讲座学习班，这种方法在时间上拖得太久。有组织的学习常常是晚于需要，因为人只学习他需要的东西。如果我没有问题，也就不需要答案。预先学习是没有意义的。因此，我们把员工学习发展的指挥权交给员工自己，原则是"在工作中学习"，而且永无止境。每日的经历成为学习的动力，新的任务和各种挑战像一条红线贯穿于日常工作，每个员工由此有了发展自身的机会——预先设定好的职业道路并不存在。

尽管如此，到一定阶段出现的问题是，在我们持续不断学习的企业文化中，如何找到一种适合的职业培训方法。在dm成长初期，我们还根本没办法培训学徒，因为，那时日化卫生保健品经营人的培训规则还是为传统的柜台营业方式制定的。直到1985年，我们才开始在dm商店培养年轻人，但当时的培训方法还没有完全系统化。

1998年情况有了变化。这一年是我们公司成立25周年。在庆典上，我们开始了迄今为止在德国独一无二的学徒培训工作，我们的目标是"每个分店一个学徒"。开幕式上我们的庆典活动口号是"捐助代替香槟酒"。我们招收了700个学徒，为社会服务机构捐赠了430万马克。不言而喻，前期的项目准备工作是一个漫长的过程，我们讨论制定了有扎实基础的dm培训的前提条件、内容及形式。中心原则是："没有人可以被动地学到东西，每个人必须自己学习！"

人是知道正确的道路的，就是刚从中学毕业的年轻人也适合我们对人的这种看法。他不是"受培训的人"，也即不是必须被培训的人，而是自己培训和发展的人。我们不能，也不想用知识的压力给人洗脑式地灌输知识。相反，我们更希望创建一种引力，召唤人去自觉、自愿、自主地学习。这里必须有一个新的表达概念，因为旧的概念在这里又过时了。因此，在dm没有"受培训者"或"学徒"这种表达，我们的用词是"学习者"。

在学习阶段，他们可以掌握专业知识，同时继续发展他们的个性，为自己的行为承担责任。培训的原则是与实践相结合，给予培训人许多自由的空间，包括允许犯错误，让他们能自己得出认知。这个方案叫作"在工作中学习"，缩写为LidA[1]。学习者会不断地获得任务，这些任务他们要在现实工作条件下自主解决，除此之外，他们还学习自主发现任务和完成任务。老师不是告诉学习的人他应该做什么，而是给他一个目标，学习者必须自己得出结论，并且和大家共同作出决定，为了达到目标，他们必须做些什么或要做些什么。学习者要深入研究解决问题的方法，要学会自己承担责任，以此使自己找到解决问题的方法。任务完成后，学习者要在评估谈话中阐述他们的经

---

[1] LidA：这是德语 Lernen in der Arbeit 的缩写，意为：在工作中学习。——译者注

验和感想,他们就此会得到详细的反馈。谁要是做错了,他的勇气会得到夸奖,但他也会被要求进行反思,以后如何能达到更好的结果。因为,只有允许人犯错误,那么他才能有勇气为自己和他的行为承担责任。

在培训期,学习者一共参加三次"在工作中学习"的工作日。因为承担责任和明智的行动是我们dm的最高目标,所以注重生态、经济、社会和文化的可持续性的行为也是培训的重点。因而,可持续性像一条红线贯穿于整个培训过程,增强学习者对可持续性的理解。

在工作中学习的工作日(LidA)里,除了学习常规内容,大家还对可持续性这个题目进行交流。在第一个工作学习日,首先是认识周围环境。学习者在他们培训的分店里寻找可持续性范围内的题目,用自己选择创造出来的形式呈现给大家。在第二个工作学习日,他们思考出一个项目,提醒dm商店的顾客注意可持续性问题。接下来的半年里,他们在dm商店将想法付诸实践。在第三个工作学习日,学习者从经济层面上论证他们想出的办法,使可持续性项目更进一步地得以深化。最终,产生出具体的项目:如为幼儿园孩子们搞的一种有关可持续性主题的记忆游戏;在养老院举行夏日联欢会,呼唤社会中人与人之间更好地相处;或搞一次周末自行车郊游,使顾客了解到,如果他们骑自行车采购能减少多少排放二氧化碳的可能性。每一位未来的日化卫生保健品经营者在他们培训学习的第二年里,都可以在他们的培训分店里将自己的项目提议付诸实践。我们的学习者的许多关于可持续性的想法都在工作学习期间找到了实践的道路。例如,现在所有dm分店使用百分之百的无氯漂白的再生纸打印办公，就是来自一位学习者的想法。

在工作中学习，是培养新人方案的三个支柱之一。第二个支柱叫作"专题学校"，其学习地点是学生当地的职业学校，按照学习计划学习整个理论知识。第三个支柱叫作"探险文化"。

学习者有八天时间，分散在八个星期，在此时间内，他们要参加戏剧演示表演活动。在整个培训期间有两次这样的机会。在专业人员、导演和戏剧教育家的指导下，他们自己排一出戏，在第八天为他们的同事、朋友和家属在舞台上演出。这是一种特殊的经历，年轻人在舞台上处在一种不寻常的处境中，并且发现他们自己的发展潜力。他们会亲自体验到独立思考、自信的行动、勇气和好的想法能够带来的成果——这成果取自于团队，也服务于团队。

"探险文化——我最好的经历"

这个想法产生于在日常处境中发生的一桩事情。有位学习者从埃森的一个分店给我打电话，抱怨某事。在我们通了至少15分钟的话后，我还是没明白他究竟要说什么事情。从语言上，他说的既不是标准德语也不是方言，而是典型的年轻人的顿音，他蹦出一串词，但在意义上不连贯。总之，他的表达能力如此之差，让我感到惊讶。放下电话以后，我想起来一位名叫赖讷·帕茨拉夫的华德福教育学家，我们最近资助了他的一个研究项目。

他的工作重点是"从基因健康、教育、医疗及社会的角度研究早期童年",他将研究的成果公布于众,文章的标题非常干脆,叫《沉默的童年!》。在文中,他得出的结论为,孩子们在白天只是听电视里的说话声,还是与一位真实的人语音交流,这之间有着巨大的区别。学习语言有三个步骤,第一步是无意识地运用语言器官的活动,第二步逐步通过感官感觉有了一些意识,到了第三步,语言才会被有意识地去用思想来把握和理解。因此,儿童在语言方面的问题,常常是器官运动机能方面的困难。因而,他迫切地要求人们应该关掉电视机,与孩子直接交谈。

这位科学家在文章中描述的一切非常直观,因此我很容易将打电话的经历和文章内容联系起来。我将这篇文章打印了多份,发送给所有的管理部门,并向他们提出问题:如何在我们企业创造条件,帮助语言有障碍的人。

这方面,我夫人贝阿缇丝起了很重要的作用。她是受过专业训练的语言艺术家和演员,多年在华德福学校指导排练年级的戏剧演出。加上艺术教授米歇尔·博克米尔,我们三人一起商量用什么方法训练年轻人。这些年轻人置身于媒体影响的轮番轰炸下,导致他们常常不再会表达自己。但人不是"受影响的生物",而是一种"表达的生物"。为了让员工练习表达,我们尝试了各种艺术活动项目,例如观赏画、即兴表演、运动等活动。

经过一段时间的尝试,我们决定使用表演戏剧的方法。因为这种方法同时要求肢体和语言的表达,如手势、面部表情、声音的调节等等,此外,还要理解文字内容和故事。我夫人以极大的热情寻找艺术方面的合作伙伴来参与现场排练,在最后的演出中,她赞赏和鼓励年轻的参与者们，也赞扬了这个项目的领导者勇敢尝试这种新颖的合作方式。与dm通常的做法一样，在这一项目的工作中，我们也在不断地探索如何能将它搞得更好。两位自由职业艺术导演马克·费雷克和居尔维阿·哈塔茨，dm的员工黑尔佳·魏斯以及我夫人贝阿缇丝一起组成了"指导小组"。这里要说明一下，黑尔佳·魏斯是dm的第一位女员工，多年来承担了各种不同的工作，戏剧课题给她的职业生涯锦上添花。戏剧工作在这个课题小组的培养指导下，到2013年，我们在dm举行过800多次表演活动，大约有8500名参与者，还有170名艺术家参加了这一活动。

就这样，在dm产生了具有创造性的"探险文化"，这个活动倍受多方的赞扬。这个活动不仅仅是为学习新生举行的，现在也面向全体员工，以利于发展大家的个性。我经常在分店碰到dm培训出来的员工，当我问他们："还能记得起探险文化吗？"大多数人回答说："那是我最好的经历！"

开始时，大家对这种形式持怀疑态度，现在他们清楚了，在探险文化中员工获取了他们生活中意义非凡的经验，工作成为了他们自我生平传记发展的场所。

"戏剧表演不是小把戏，我们不是在练习贩卖商品的花招"，戏剧导演马克·费雷克有一次讲到探险文化思想时这样说。他谈到了这个想法的要点："演出戏剧是一种觉醒的经历，演员们得把握在开放的场景中出现的不可预料的情况。谁要是在200多名观众面前朗诵过一首诗或当过主角，他今后就能更好地与顾客打交道，当然他也能自信地与区域领导探讨问题。

想法、积极性、创新改革

文化在dm并不是给平日艰辛的工作中加上一丝甜蜜的奶油。相反，企业的工作本身成为文化，文化本身对企业如何继续发展起着至关重要的作用。所以，我们也启动了其他的活动，例如，2008年与德国世界文化遗产委员会合作，组织了"想法、积极性、未来"竞赛活动，用"做一个未来主义者！"的口号鼓励人们为明天的世界提出想法。在"1000×1000"的竞赛活动中，我们选出了上千种从事可持续性研究的项目，每个项目获得奖励1000欧元，让今天的年轻人为明天着想。

在2010年第二次举行这项活动时，甚至有4500多个项目报名参加。专家组成的评审团初选出2850个项目，它们大多是从各地dm商店三个项目中选出来的一个。顾客可以投票选举，选出最佳者，获胜者得到1000欧元现金奖金。用这种方式dm为从事可持续发展研究的项目一共投入了150多万欧元。

2012年，围绕"想法、积极性、未来"的主题，我们举办了一次全国范围内壮观的收银台活动：一个小时内所有dm的收入全部捐给所在地区的公益项目。彼得·马费伊作为dm可持续发展的代表使者，和其他著名人士一起鼓励人们参加活动，活动结束时共收到180万欧元的捐款。

2006年我们开始在dm举行"未来音乐家"的活动，目标是援助我们社会中的音乐文化活动。两年之内有上千名5至11岁的孩子认识各种乐器，参加音乐体验班，或者在我们的"音乐乐器流动宣传车"活动中体验吹小号和拉大提琴。在暑假期间，孩子们可以在全国与dm的员工一起制作乐器，在举行的现场音乐会上体验一同演出的乐趣。在2007年5月的"音乐之日"，有200个演出团同时在全德国dm商店里或商店前演出。向大家宣传音乐文化教育的必要性。

当然，这一极好的活动也有缺陷，参加者事后发现花费的功夫太大，仅仅各种乐器的运输和在商店里的布局就要花费很大的精力。所以我们考虑如何能用更有效的方法，同样达到共同搞音乐活动的积极效果。

"让我们使用人人都有的乐器：我们的声音！"我夫人的这一建议得到大家自发的拥护。

除此之外，为了让那些在家里与音乐无缘的孩子也能受益于音乐，我们决定支援孩子的早期音乐教育。于是我们在2011年开始举行"幼儿园音乐之声"活动，现在许多dm的员工都积极参与这项活动，从此数百个幼儿园得到免费的赞助，让幼儿园的日常生活充满更多孩子们的歌。

在大多数人只是从收音机或MP3机子里听音乐的时代，重要的问题首先是如何让人克服障碍，自己积极参与音乐活动。因此我们的活动首先针对幼儿园的老师，鼓励他们在与孩子一起活动时自信地运用自己的声音，使唱歌成为幼儿园的日常活动。在免费的演示活动中，音乐教育工作者向他们介绍必要的音乐知识，如韵律、运动歌曲，还有手指的活动、每一音节的形成等，同时也让大家了解唱歌和运动的联系。

现在，在幼儿园每天的各项活动中，老师向成千上万个孩子传递自己的声音带来的喜悦。这里的目标不是追求完美的演唱，而是唱歌跳舞带来的乐趣，这样，在日常环境中就能够产生出歌声、声韵和诗句。

我夫人贝阿缇丝是"幼儿园之声"的积极活动家，她以极大的热忱不知疲倦地走访各地，让人终于重新发现唱歌的乐趣：唱歌唤醒生活的乐趣，对健康有益，增强社会能力和自信心。所以，我夫人最喜爱的一首和声歌曲是："快活，不需要许多东西，谁快活，谁就是一个国王！"当人们看到兴奋的孩子们在唱歌中成为了小国王的情景时，就知道我夫人是对的。就是大人在唱歌中也发现了乐趣。慕尼黑和图宾根的幼儿园老师在活动的推动力下，成立了幼儿教育合唱团。

我们想出的主意，尤其是我们全面准备的详尽教育方案，被证明是有效的，也得到了专业人员的承认：2003年联邦职业教育学院为表彰dm面向未来的积极的教育措施，授予dm"再教育革新奖"。2004年，dm获得由德国工商协会、奥托-沃尔夫基金会和《经济周刊》共同颁发的"培养和再教育积极奖"的头等奖。2011年可持续发展委员会表彰dm在培训日化卫生保健品经营人中引入可持续发展内容，将此称为"工作室N-项目"。而"主意、积极性、未来"的竞赛活动不仅得到参与者的信任，也得到德国可持续发展奖的评委专家的肯定，2011年我们的项目得到提名，专家论述的原因是：dm和德国世界文化遗产委员会做到了让这一主题有其独特广泛的影响力。

目前在dm有上万人完成了他们的培训学习。仅仅在2013年就有3000名学生。培训日化卫生保健品经营人的重点领域是培养美容、健康、摄影和营养方面的专业人员，使他们能以专业知识为顾客提供咨询。现在差不多每一个dm分店所在的区域的职业学校里都有一个独立的日化卫生保健品经营者班级,里面的学员经常都是dm的培训学生。

> 大多数人拥有他们赖以生存的东西，只是许多人不知道是什么。
>
> ——维克多·弗兰克尔

第十四章　收入和消费税
或 为什么钱是愚蠢的，没有人能靠他的收入生存，企业家交税却并没有承担税

究竟什么是钱？我经常与我的朋友和顾问贝内迪克吐斯·哈道尔普一起谈论这个问题。贝内迪克吐斯·哈道尔普的博士论文就是关于这个题目，他在鲁道夫·施泰讷的哲学基础上对问题作出了自己的回答。

"金钱本身是没有价值的，钱既不能吃，也不能喝。钱是愚蠢的，给不出什么信息。"他这样写道。他这些话还不难理解，但他下面说的话，就有些分量了："钱是思维流，它与价值创造相对而流动，表现在三个方面：不停涌动的价值创造可以用钱来计算；钱必须能够支付投资；钱必须维持整个社会有机体，也就是说资助教育和文化事

业。这是钱的三个任务。"

　　这些句子，我得先咀嚼一番。贝内迪克吐斯·哈道尔普的职业是会计师和税务师，但我与他一直只是私交。大约是在1982年，我们相识于伯林根举办的华德福学校的家长和老师交流大会。参加会议的人员是来自全德国的华德福学校的创立者，大约有1000多人，大家一起交流经验。当时大家还能感受到20世纪70年代教育的繁荣兴旺。哈道尔普是曼海姆华德福学校的创始人之一，而我是卡尔斯鲁厄华德福学校的监事会成员。我们当时进行了交谈，与他的谈话勾起了我的好奇心，也给我提出了一些问题，因此我开始读他写的东西，我们之间的友谊就这样产生了。

　　20世纪80年代初，有大约15个企业家组成了一个非正式的企业家小圈子，哈道尔普是重要的发起人。这个圈子至今一直坚持活动，一年大约有4次聚会，大家在一起以人智学为基础咨询讨论经济问题。最开始是兄弟纺织厂的厂主之一汉斯·维尔海姆·戈尔斯曼倡议建立这个企业家圈子，他本人现已不在人世。还有一些企业家也在这个圈子里，例如特古特公司的沃尔夫冈·古特莱特和阿尔那图拉公司的格茨·雷恩，还有已经去世的黑斯自然公司的主人海恩茨·黑斯。这个圈子实际上是一个朋友圈子，大家在一起讨论交流经验，尝试着用人智学探讨我们的行为背后的原因。

　　人智学者总是追问为什么，为何目的？然后在下一层面才追问如何做。唯物主义科学方式是提出一个观点，然后尝试将它肢解分析，最后再重新综合为一个论题。唯物主义思维方式是由小到大，而人智学的思维方式总是从大到小。谁要是从一个大的整体出发，观察这个整体如何在细小部分反映出来，他就是以人智学方式思考问题，也可以说是"哥德式"的思考方式。因为歌德的形变学说的中心思想就是这样一种思维方式：一种植物是按它的原型标准生长的，长叶、开花等按同一模式成长，只有在外界环境的影响下，才有些细微的变化。变异是按照一种计划进行的，一种植物本身并不知晓的超自然的理念。而动物超越其上，可以通过它的直觉和本能的行为表现出是有内在神灵活力的。一只长颈鹿生为长颈鹿，死也是长颈鹿，而它自己对此无知。人就不同了，人超越其上，拥有自觉对此思考的精神能力。

与动物不同，人不必由直觉和本能驱使着行动，他可以摆脱直觉和本能，自觉地在更高层次上进行精神思考。因此，人文科学如此重要。自然科学的任务首先在于证实人的感知材料（经验），也即存在的东西。相反，人文科学认识把握人的思维开发出来的东西，也即应该存在的东西。知识很重要。人是寻找意义的生物，人需要一种等待他去解决的特殊的任务，他的生命就是献身于这样一种任务！

聚集在这个圈子里的企业家们并不认为自己思想的产生是理所当然的，他们尝试着有意识地为自己的反思留出时间和空间。在思考中时常观察自己，会令人感到吃惊：我们的思维有着怎样的固有模式？形成了哪些思维习惯？哪些想法不断地闪现？作为一个有能量的人，一个企业家，我们更愿意去实干、去经营、去采取行动，而不愿意去进行反思。但是，比起从过去的错误中学习，我们在对成就的共同反思中能学到的东西会更多。我们应该自觉地接受这种反思，将它变为习惯：就像每天睡觉前刷牙一样，保持回顾过去一天的习惯。

斯滕·纳道尔尼写过一本很不错的书，名叫《发现缓慢》，我怀着很大的兴趣读了这本书。一旦人们想仔细了解探讨一个新东西时——这个过程是通过观察和感知来进行的——这时人们就必须先放慢一下脚步。这并不是让人处于被动状态，而是加强行动的积极性！放慢速度，停一停——当今也被称为"停止加速"——这是领导能力的体现。有人说："哦，好极了，我们马上开始干。"这听上去很不错、有活力、很积极，等等，但从根本上来讲，这不是领导能力的体现。领导人必须眼观全局，能将本质的东西与非本质的东西区别开，以便在合适的时机做正确的事情——或者放弃不做。因为，企业家的行为既表现在行动上，也表现在放手不为上。

税收是社会团体的收入

贝内迪克吐斯·哈道尔普以这种思维方式审视了整个金钱体系，整个货币体系，也审视了整个税收体系。思考税收时，大多数人只是想着：我如何能够少交税？只有极少数人提出问题：我为什么交税，交税的目的何在？

正是"交税的目的何在"这个问题一再成为我们谈话的中心。我们找到的答案是：税收是必不可少的，它是社会团体的收入！

我们的顾客在dm付的钱是dm的收入，这实际上是按规划所有直接或间接为dm工作的人的收入构成。如果人们不准备支付相应的价格，那么我们dm就不能提供相应的服务，而得减缩，服务就得打折扣。这就是削减价格带来的问题。

税收问题也同样如此。我们交的税是社会团体的收入。如果我们不再交税，社会团体也就不再有所作为。倘若我们希望有学校、有道路、有公共建筑，我们就得准备为此买单交税。自然，这个规则对于国家如此，对于商人也是如此。

企业家有两点道德品质，一是可靠，这是基本品德；还有一点是节俭。每当顾客买了一件产品或一项服务，他希望商人对产品的承诺能真正地兑现。为了增强顾客的信任感，企业采取措施，比如为顾客提供保质期。保持诚信可靠是企业家最为关心的核心问题。浪费是顾客绝不能接受的事情，因此企业家必须节俭。这也就是说，企业家必须合理地运用资源。这里的资源，不仅仅指原材料、能源和人文财富（精神），而是特别指以其劳动力和精神在最宽泛的意义上参与企业的人的生命时间。节俭绝不能和吝啬混为一谈。吝啬是不适当地固守资源，就像浪费资源一样，同样能损害企业。我不允许在质量上节省，而必须在费用花销上节约，比如商店的布置、商品种类的覆盖面等等。因此必须兼顾两者：质量和价格。

公民如果确定，他们交的税款和那些规定要交的费用能够给社会团体带来效益，而且质量和价格合理时，那么他们当然就会自觉交税，就像他们在饭馆吃了饭要付酒水账一样。

一直到今天，我都特别愿意与贝内迪克吐斯·哈道尔普谈论这些事，他关于这些问题的观点很明智，发表过许多文章。

每一个最初创业的人都能感受到我们的税收体系的不完善，尤其是等他成功之后，会更明显感受到这一点。大多数创业者所犯的错误是，他们对获得的盈利感到高兴。当一个人有了正确想法，创建了公司，取得了相应的成就，开始时一般还没有太大的支出，相应能有较高的盈利。于是他就为挣到了钱感到高兴，马上买一辆豪华汽车或一件时髦的高级科技装备，将还得交税一事抛诸脑后。而大多情况下，等到税务局发现这样的创业者，差不多需要两年时间。税务局发现这位创业者之后，不仅要求他补交过去两年的税，还要求他为下一年预交税，这一下他就得交三年的税。要是没有很好的银行人脉的话，创业者就会常常处于被动的局面，或者得卖掉公司，或者得找个合伙人。

企业税、收入税和教会税，所有这一切大约占了盈利的一半。因此，我认为，我们的收入税收体系与积极创业的新人是敌对的，这种税收体系适合于事业已经稳定了的企业，而这种企业有很高的扣除额度，与他的盈利相比，几乎交不了什么税。这是一个很有意思的现象。这时，一位有点经验的企业家会怎么做呢？他开始将税额像原材料、房租以及其他支出一样，一起计入价格，以便在交税之后也能有足够的余钱安逸度日。

税——有人支付税，有人承担税

对于事情的这种前因后果的分析，使我明白过来，我作为企业家，实际上根本没有承担赋税。听到这种说法，人们总是会很惊奇，他们很难理解这种思想。企业家并不承担他的赋税，他只是缴纳税，但他不承担税。税已经"囊括"在他的所有产品的价格中，否则就没有他赖以生存的税后的盈利。企业家交税的数量多少是他得以成功转嫁给顾客的数量的多少。倘若企业家不能计算赋税，他就会破产；倘若他破产，也就不再支付税了。

每一个钢琴女教师在确定她的钢琴课的时间价格时，得问问自己，她得交多少税。每个园林工、鞋匠、汽车修理工都得这么做。原则上每个雇员也是这么做的，他虽然挣的是毛收入，但他想的应是纯收入。

如果收入水平提高了，相应价格也会提高。工资水平也一样：如果雇员必须交更多的税的话，他会要求更高的毛工资，以便他交了税之后还能剩下同样多的净收入。如果毛工资收入提高了，产品生产的价格也就会提高，企业家会计算的，最终消费价格会提高。

这样来看，在我们的体系中，交税的人并不是承担税的人，承担税的人是消费者。一个咖啡馆女老板必须缴纳所有的赋税，这些税她都计算到了她所卖的牛奶咖啡里。一杯牛奶咖啡的价格里含多少税，其计算方法给人留下了深刻印象，价格中的一多半是税。

说到这里，大多数人还能跟得上我的思维。我下面要说的话对许多人来讲就费解了。我就此得出结论，我们可以免除各种各样的复杂的交税和免税计算系统，取而代之引进50%的消费税，并废除其他一切赋税。人们会惊叫：什么？咖啡价格将会提高50%？不是的，我回答道，咖啡的价格保持不变。只是现在人们可以清楚地看到咖啡价格——如前一样——含有的50%的税交给了社会公共团体。因此，就连领社会救济金的人也交了不少税，尽管他不必在年底做纳税申报，而且人们总是说，他们是靠国家的钱生存的。但情况并不是这样，就连并不想与国家有什么干系的流浪街头的朋克也交税，也就是说，他用讨来的钱买个夹肉面包或买一杯牛奶咖啡，在价格里含有许多税。其中增值税是不言而喻的，另外还有所有在面包和咖啡里加入自己劳动的人的一部分工资税，如售货员、肉食加工厂工人和面包房的工人，就连种植和收割麦子的农民的收入税也包含在夹肉面包里。同样，工商税、电税、防火税、牛奶定额保证税、石油税、农业税以及各种应该付的关税，就连只有某一种配料是越过德国边境运进来的，也得付关税——在夹肉面包和牛奶咖啡里隐藏着37种可能有的税种。

这样细细分析起来，所有人都能明白，尤其是政治家，但政治家对体制改革并不感兴趣。因为，人要是知道他付了多少税，有可能他想知道得更清楚，这些钱被用到什么地方了。透明公开会增加异议的危险性。我的看法是，透明度是当领导的重要品德，但做起来很费心。人必须使事情的缘由公开透明。

还是尽快转到下一个思维障碍，这个思维障碍对大多数人讲还真是一个思维上的挑战：如果我们只保留消费税（也称为增值税），废除其他一切赋税，这就意味着没有人必须再交收入税了。一开始大多数人觉得非常有诱惑力，他们想着："真不错，我的工资会有更多的余额。"但接下来他们吃惊地发现，他们的邻居也不必再交收入税了，他们的领导也如此。就连银行行长也不交税了，而且所有的百万富翁都不交税了，因为没有人必须交税。他们觉得这非常不公平。

扼杀花蕾的收入税

　　误解在于，人们认为，他们可以靠他们的收入生存。实际情况可不是这样的，没有人靠他挣的钱存活。

　　我也用了好长时间才理解了贝内迪克吐斯·哈道尔普用这种明智的方式所思考的内容。但如果你什么时候一下开了窍的话，问题就完全容易理解了。这之后，你就根本不再可能离开这种想法了，就像有些画谜，在表面看到的画中隐藏着第二幅画，只有当你仔细观看它时，你才能看到。如两个面对面站着的人的黑剪影，再仔细看时变成了一个带白色曲线条的花瓶；或一个绘制的死人头像，而实际上是一幅年轻恋人图。

　　我们的社会也类似这样两幅画：一幅画是自给自足的社会，一幅是劳动分工的消费社会。一个自给自足的人与他的家人一起经营着属于他们的土地，他们要与自然灾害作斗争。他们必须而且也能够通过耕种田地、采集果实或打猎来养活自己。我们今天缴纳税收的制度来自于过去这个时代，那时交出的赋税总是收获的一部分。交税的想法是要通过重新分配来平衡大自然带来的不公平：有能力更好养活自己的人应该多交税，以便减轻那些不能很好养活自己的人的负担。

然而，在当今的社会里，不再有人能自给自足，不仅仅在德国是这种情况。但在语言上我们还是如此表达，我们会说：我想自己养活自己！可这种说法与现实不符，因为不再有人能自己养活自己。几乎再没有人自己去种植红萝卜，为了能在他的沙拉里增加这个成分，再没有人会为了煎锅里的鸡大腿自己去养鸡杀鸡，就算有人为自己烤面包，他也不会为此自己去种小麦。我们生活在一个劳动分工养活他人的社会里。一位银行经理可以挣许多钱，但如果他找不到面包师出售面包，他就会挨饿。每一个人不是靠他挣的钱生存，而是靠他能用钱买到的东西生存。而他只能买到别人为他生产的东西。我们今天生活的社会与农耕时代自给自足的经济社会的区别在于，我们不再靠自己的劳动生存，而仅仅靠的是别人的劳动而生存。

现在，世界范围的劳动分工占主导地位。有时我在作报告时会开这样的玩笑，我让听众脱去所有不是在德国生产的衣服。那我们的会议将会变成一个美丽的裸体会议。我们必须认清：没有人能自给自足，全世界都在为我们工作，我们也为全世界工作。我们的劳动被分成了如此细小的部分，有些人根本不再知道谁是他的工作的受益者。中国服装厂的工人不知道他们为谁的裤子钉扣子；德国工程师常常不知晓，他们在为世界上哪一座燃气涡轮发动机设计图纸。但事实是，我们必须彼此信赖，每个人为他人做好自己的工作。我们只有对缝制的裤扣的质量感到放心，才能自信地走在杜塞尔多夫的大街上。印度古吉拉特的技术人员只有确信核心图纸的设计确切无误，燃气发电机才能投入运用。

如此看来，我们不是自给自足者，我们是为他人劳作者和他给他足者（消费者）。我们作为消费者非常关注的事情是，那些为我们服务的人如何能够尽可能顺利地进行他们的工作，并且尽可能减少开支。

每种收入税、收益税和工资税是向人的劳动征税，但这种劳动其实还是一个未知数，还根本不清楚它是否能达到它的目的，又有谁来受益于它。不是先让国民经济的成果（蛋糕）尽可能扩大，然后再从对共同成果的获取中纳税，相反，能带来成果的创新力被削减了。

这就像是以一种特别的方式"扼杀花蕾"！不适当的贪婪使人掠走了苹果树上的繁花，而不是等待开花结果之后大家"亲如兄弟般"地分配果实。"由此看来'收入税'起着阻滞发展个人能力的作用。它同时削弱（无意地）了社会的富裕程度。"哈道尔普在他《劳动和资本是创造的力量，收入构成和纳税是社会分配的过程》一书中这样写道。

对为他人劳作者公平的税收是：消费税

因此，更好的方法是这样的：社会团体生产出商品和服务，每一个个人可以按自己的需求和愿望获取这些商品和服务，谁获取得多，就应多付钱——付的钱以消费税的形式又回流到社会团体。消费税是唯一能做到这一点的赋税：直到国民经济实现了它的目标时，才对其征税。

在为他人劳作的今天，我们毋须再问：你的收成是什么？这是收入税的问题。相反，我们要问的是：你从他人那里获取了什么？你想消费些什么？这是消费税的问题。

倘若我们还是自给自足的人，我们的经济状况就还像300年前一样糟糕。譬如动物，动物是自给自足的。暮色降临之时，狮子一家来到河边，饮过水后，它们静静地隐藏在丛林里等待着，终于等来了500匹斑马。等斑马走近后，狮子爸爸发出信号，狮子妈妈一跃而出，有两三匹斑马被咬死了，全家饱餐一顿。用这种方式，狮子一家解除了饥饿，其他斑马不再有生命危险，他们成群结队从容地走到河边饮水。设想一下，狮子要是为他人劳作，生活在一个劳动分工的社会，那么斑马就不再有安全感了，狮子需要冷藏室和大货车，以便将向全世界运输斑马肉。

劳动分工提高了我们的生产力，我们因此而拥有更多的商品，超出了我们的需求能力。所以说东西德统一之后，我们连一个工厂都不用额外建，几乎没有什么问题，就能用我们的商品满足1800万东德人的需求。我们还从来没有像今天这般富足。我们能够做到生产足够的财富、提供更多的服务，因此我们说，这是一个富裕的社会。由此提出的问题是，我们能否成功地对其共同生产的价值进行兄弟般的也即合理的分配。

这是我们社会的关键问题，它与收入税的问题同等重要。要保障人能简朴但又有尊严的生活，就像宪法第一条例中写的："人的尊严是不可触犯的。"就像个人需要收入以便能从事工作，社会团体也需要收入，这是真正的税收问题。

我们积极组织参与了研究消费税这一主题。1989年,我们在海德堡大学组织了一个国际消费税大会,会上各路财政专家高手云集,积极参与,其中还有诺贝尔奖获得者。

例如,詹姆斯·麦吉尔·布坎南,他在整个研究工作中献身于政治经济学问题,以及如何重新赋予经济科学其社会政治意义的问题。他发展出公众—选择理论。理查德·艾贝尔·马斯格雷夫也参加了这次会议,他曾给美国总统肯尼迪和约翰逊作过咨询。他研究市场失灵现象,并得出结论,比起自由经济市场反映出来的市场需求,财富实际上可以有更大的用处,也即福利财富。在大会上,他在报告中多方论证消费是衡量赋税的基础。

美国税务专家查尔斯·麦克卢尔和乔治·佐德劳在他们的报告中比较了收入税和消费税之间的利弊,报告中甚至还涉及财产赠送和遗产方面的问题。他们得出结论:消费税更简单和更有效。还有戴维·布雷福特,美国最著名的财政学家和税务专家之一,他不但在他发表的文章中,也在海德堡会议上多次极力主张对人们的支出进行征税,而不是对人的节俭进行征税。来自德国参加会议的著名的专家有沃尔夫拉姆·夫·里希特,他是德国财政部学术顾问委员会的成员,还有迪特·波默尔和沃尔夫冈·维甘尔德,他们二人多年被誉为经济学五贤人之二。聚集在海德堡的支持消费税的经济学专家名单还可列出长长的一串。

科学家们在纳税方面的研究远远超过了政治家,更是超过了我们这些简单的消费者。我们面临的任务是,促进全社会对从自给知足的经济到供养他人的经济这一历史转变进行思考。这就像哥白尼革命，只有当人们能够思考地球是圆形的，并且不是处于中心地位的时候，新的时代才能开始。解决这个社会问题的前提条件是，人们要承认，他们总是（！）依赖于他人的成果。

税收的社会要素

海德堡大会不久之后，柏林墙倒塌了。所有参会者兴奋地抱着一种想法，在东欧可以植入更明智的税收制度。人们希望东欧人能避免西方的错误，因为我们的税收体制使公共财政变穷。正是新兴的社会不允许公共财政变得拮据，它必须投资搞基本建设，如电信、排水系统、供水系统等等。

比如说，汉斯-格奥尔格·佩特森曾是基尔世界经济研究所和柏林德国经济研究所成员、财政管理学教授，他作为鉴定专家和咨询家到波兰、保加利亚、波黑和其他许多国家去工作。还有财政管理学教授曼弗雷德·罗泽，他曾任一个德国税务专家小组的领导，参加了克罗地亚建立的以市场经济为基础的收入税和收益税新税制的工作，他还向其他众多国家介绍了他的简化税制模式。

遗憾的是，不仅仅只有这些专家在游说，还有整个"芝加哥老兄们"也来宣传税法，他们的税法是建立在对人的不同的看法基础上的。但无论如何，我们的消费税的积极主张还是得到了人们一定程度上的接受，也有几个国家对此做了积极的工作。

在旅行中，我们总是顺便讨论这样那样的问题。有一次我们坐在布达佩斯机场，飞机不知因什么原因晚点两个小时，我们有足够的时间一起思考问题。专家们提出这种或那种税收形式的优缺点，我有了一个想法。我毕竟是个企业家，我的经验是，事情必须尽可能地简单明了，这样才可以很快解释清楚。税收体制对我而言过于复杂，因此我提出了一个极端简化的办法：

最好的办法是，废除其他一切税收，仅仅征收增值税！

这样，人们不必再去为整个官僚体制的烦琐事操心，零售商仅仅充当收税人——以信托的方式收取增值税之后，再将其转交给国家，就和现在的做法一样。

是的，其他人听了点点头。我的看法听起来诱人而简单。但有人又提出了反对的理由："那如何体现出社会要素，也就是说，免税而满足基本需求？"

社会要素在我们现在的税收体系中，是以累进计税的方法体现出来的。收入高的人交税多，收入少的人交税少。当然，最重要的是免税额，也即收入在一定界限之下的人不必交税。最近一次提高标准是在2013年，从2014年起，每年的免税额度为8354欧元，也就是说每个月差不多700欧元。

人每月的收入如果不超过700欧元，就根本不必交税（当然，除了隐藏在产品里面的税）。谁挣的钱超过了这个最低免税标准线，超过的部分必须交收入税。因此，这个标准叫"免税额"。

但是，现在人若对问题思考片刻——这一"片刻"思考我是在布达佩斯机场完成的——就会得出一个让人着迷的思路：废除其他一切赋税，只保留消费税，只有当人消费的时候才交税。这样，富人极有可能比穷人消费得多，因此交税更多。但是，那些只有很少收入的人该怎么办？如何保证这些人一定有足够的钱生存，而不必被社会团体抽走一部分？也就是说，尽管这部分人不交收入税，如何保证他们生存的金额高低相当于现在的免税额度？

突然，我豁然开朗："那么，应该将免税的额度用现金发放！"必须搞清什么是一个公民的最低消费需求，搞清含税的部分，将这一需求的标准金额用现金支付。专家们点了点头，这或许是一种方法。学术专业上称之为"负收入税"，这种模式是用国家的津贴来满足每一公民的最低生存需求。这要求并不是新主意，长期以来就有这种观点，有些人也称之为"基本收入"。

我对钱和税收的思考得出了一个观点，仅仅改革税收体制是不够的，还必须使税收体制适合于与此相关联的社会体制。这样，我通过基本免税额发现了基本收入，只有基本收入才能保证人在任何情况下至少得到他所需求的消费，以便他能有尊严地活着。

我对我的观点思考得越久，越感觉到它的吸引力。我不能摆脱这个想法，这是一个确信无疑的想法！

> 人的自由不在于他想做什么就能做什么，而在于他不必去做他不应做的事情。
>
> ——让-雅克·卢梭

第十五章　基本收入
或 如何让一个漫长的冬日夜晚变得有意思，如何明确朋友们对人的真实看法

您不妨试一下：在一个漫长的冬日夜晚，您问问您的朋友们他们对基本收入的看法！您简洁地提出问题："如果每个人简单而无条件地每个月得到1000欧元，大家怎么看？"这一晚上也就有事干了。不需要什么壁炉，大家会谈得脑门发热。但要多加小心，或许您会发现，您的好朋友流露出来对人的看法会让您感到非常意外。

人们的指责总是相同的，首先是出于实用目的的本能理由："我们根本担负不起！德国有八千万人口，这八千万乘上1000欧元——国家一年还没有这么多钱呢！"针对这种态度，先讲这么一句话：有意愿的人能找到出

路，没有意愿的人找到的只是理由。

钱是一种借口。因为人不能靠钱生存，而只能靠物质商品生存。我们不必问，我们是否有足够的钱，而是问我们是否有足够的商品。所有的物质商品已经存在在那里了。例如，在dm，我们有足够的货物待以出售，您可以按您的愿望随时光顾。假如您从货架上取走了一支牙膏，我向您保证，两天后货架上又会补齐该货。

钱只是表明我们有能力来购买商品。东德人民曾经经历过，他们的钱包装满了钱，但货架是空的，这时，他们发现钱没有价值。

此外，我们甚至有超出我们需求的过多的钱。人可以任意印钱，银行里装满了钱，我们根本不需要。所有能生产出来的东西，也是财政上可以支付的。前提条件是我们以诚实的态度愿意这样做。

如果我们愿意，我们很容易做到支付一份基本收入，因为从纯数学计算上看，我们已经在这样做了，也即通过免税额。现在国家已经准许给予每个公民将近700欧元，但不是现金支付，而是与税收抵销了。因此，只须发给那些没有其他收入的人基本收入，这就相当于现在发的社会救济金或相类似的基本保障金。具体的计算那是专家的事。这是一个社会分配的问题。

我与其他人——我们对人的不同的看法

因而可以把这个致命的论题先安心地放在一边，而来探讨关键的问题。您问一下您的朋友："我们假设财政上可以承受无条件的基本收入,那么你们怎么看待这个问题?"

这时大多出现的是第一种关于人的论据:"那样的话就没有人去工作了!"我之所以称之为关于人的论据,是因为大多数持这种观点的人,你若反问他相似的问题:"那你也将不再去工作了?"他们会异口同声地回答:"会的,我自己当然还会去工作的!"

这正是一种分裂的对人的看法,我在企业里也常常发现这种不统一的看法:我很勤劳,责任心强,是个好人;所有其他人懒惰,不负责任,不是好人;我是中规中矩的驾驶员,而其他所有人不是这样,我陷入堵车中,这都是其他人造成的;其他人都去参加廉价旅游,只有我是高档次的旅行家;我周围所有人都狡黠地欺骗蒙哄,唯独我是诚实的愚人;等等,诸如此类。

显然,我们很难做到用同样的理智、同样的胸怀、同样的德行,像信任自己那样信任他人。我回忆起我们在开企业领导会议时,大家坐在一起讨论我们是否该冒风险去实行"分店掌权"的方案。分店的领导会像我们总部那样做好工作吗?他们会不会对一切决策感到力不从心?或许他们会利用手中更大的权限?没有人这样大声地讲出来,但估计我们大家暗中都有这种想法:"我最能干,没人比得上我。要是别人不照我的方法去做,就会扰乱一切。我是值得信任的,但别人不值得信任。"

我们首先得承认自己有这样的想法。我们不想成为厌恶人类的人,不想鄙视他人。但您在思维过程中仔细观察一下您自己,您关掉收音机,倾听您自己,看看您在思考他人时脑子里都想了些什么。接下来您考虑一下，如果您真的学会用宪法第一条规则去看待人，即人的尊严是不可触犯的，那将会是什么结果？您若给予每一个人他的尊严，那将发生什么事？

每一个人有生存的权利，这是基本的信念，这也写在我们的宪法里。人们根本没有把握的，往往是已经存在于那里的东西。地球是圆的，但需要哥白尼来认识到这一点。

必须创造出什么样的环境关系，才能使人的尊严不受到侵犯？人需要一个居所，还需要足够的食品，他需要一份收入。因此，有基本的免税额，这是承认人得靠一定的东西生存，因此，才有社会救济。它们的区别在哪？社会救济是有条件的基本收入，人因此丧失了宪法规定的各种基本权利：尊严谈不上了！自由选择工作不可能了！宪法第十二条中禁止强制工作，也谈不上了！旅行的自由也不存在了！遗憾的是我们的宪法法官们对此根本无动于衷，显然他们自己对宪法第一条还没能想透彻。

这就像《圣经·新约·玛窦福音》中描写的一个寓言，一个关于在葡萄山劳作的人的故事：葡萄山庄的主人大清早雇了几个人帮助他劳动，并谈好一天的工钱是一个第纳瑞斯[1]。3小时之后，他又去劳动力市场找了几个人，讲好工钱还是一个第纳瑞斯。中午和下午他又这么做了。临近晚上他最后一次又雇了几个人，每一次他都讲好工钱是一个第纳瑞斯。这时，清晨被雇用的人发出了抱怨，觉得

---

[1]古罗马货币。——译者注

这样做不合理，同样得到一个第纳瑞斯，但他们的工作时间比起那些晚来的人要长得多。葡萄山庄的主人反驳道，你们大清早谈好的是这个工钱，所以是合法的。而且，反正是他的钱，他想怎么做就怎么做。

大多数人都知道与这个故事相关的这段话："所以后来者变成先到者，先到者变成后来者。"我们得先找出这个寓言的内核，它涉及什么？神学家常说，葡萄山庄的主人就是上帝，而在葡萄山劳作就是信仰。一个人在什么时候找到了他的信仰是无关紧要的，上帝分给每个人的爱是一样的。社会学家更愿意守着确凿的事实，他们会解释说，一个第纳瑞斯正好是当时人的一天生存所需。所以葡萄山庄主人无视劳动时间的长短，给每一个干活的人直接发一份基本收入，以便他能生存。心理学家指出，清晨来干活的人发出抱怨完全是一种典型的现象，也就是说，这里关系到一种群组活力现象：只要一个人比其他人得到的多——从绝对的角度观察——那么人真正需要什么，得到了多少，这些都不那么重要了。

或许这就是反对基本收入问题的核心所在？所有人都是一样的，而只有我更好？

基本收入——从应该到愿意

在讨论基本收入这个问题时，有时会冒出这样的问题：要是我观察到某人在dm商店偷东西，我该怎么做。"您以为该怎么做？我会毫不客气地拍拍他的肩膀，在毫无办法的情况下还可以给警察打电话。"听到这样的回答，持怀疑态度的人会幸灾乐祸地叫嚷道："您看看，您对人的正面看法不起作用了吧？"

我会友好地点点头解释道，世上存在的几个小偷，并不会摧毁我对人的看法，一燕不成夏。我对人的看法，当然是正面的，否则我就根本不可能当企业家。我们dm每天有约150万顾客。如果我想象他们都是潜在的小偷的话，你想想看，那会发生什么样的事。那样的话我会发疯，或者我立刻关闭所有的商店！dm有约46000名员工，如果我脑子里想着，他们都是懒散怠惰的人！那我同样会疯掉，那样的话，我得每天早上打电话问：你们真的都来上班了吗？

我对世界的看法也是积极正面的，但这并不是说，我是个脱离现实生活的人。想想《浮士德》的开场白，上帝对梅菲斯特说："你站在那里，为自己羞愧吧，因为你不得不承认，一个善良的人，即使迷惘在黑色的欲望中，也终会悟出一条正路。"就是小偷也知道，他是在行窃，否则他不必鬼鬼祟祟地去做。一位早上谎报病假不来上班的员工，他也知道，他正在欺骗他的同事。人是知道正确之路在哪里的。如果您内心不再有这种确切性，那将是非常糟糕的事，那您会像是活在地狱！

通过基本收入，我们的社会将会从"应该"向"愿意"转变。总还会存在酗酒的人，也还会存在将钱用于赌博的人，但每个月他们还会定期得到基本收入，他们根本不可阻止的这个事实。这样他们每个月都会有改邪归正的新机会。

生活是针对自我的工作

在讨论中,有时个别人会说:"说实话,要是有基本收入的话,我明天立马不再去工作了!"

这是一种很有意思的境况。这里的问题是,为什么他明天不再去工作了呢。一个人得到收入后,就不再去工作了吗?中彩票的人就不再去工作了吗?得到百万遗产的人就不再去工作了吗?

我的生活经验告诉我,我们工作是为了成长和超越自己。有多得难以置信的人在做着无报酬的工作,如所有照料孩子的母亲们(也有一部分父亲),所有护理自己父母的儿女们,所有相互帮助的邻居们,等等。还有许多失业的人也在干一份工作,只不过不被承认为职业,例如有人训练年轻的球队。对他们而言,如果被劳动局强制派去做某种或许无意义的工作,那将是灾难。

我还从来没见过哪一个人对他拥有的东西感到满足。动物吃饱喝足之后获得了满足。原则上人却是永不满足的。他总是倾向于说:这事你可以做得更好。得到了1000欧元的人,还想得到2000欧元。您若生为长颈鹿,那您死时肯定还是长颈鹿。作为人,您会改变自己。倘若我们不给人自身发展的机会,人会变得麻木,或许会生病。一把不再使用的锯子,锯片会生锈的。

人不必读艾里希·弗洛姆的书也会知道,人与动物的区别在于,人不必将他生存的环境当成是既定的环境来容忍接受。我们拥有理性,我们有能力认识我们周围的世界,并按照我们的设想去改变它。我们能够突破我们处境中事物的表面现象。当然，为此我们需要的是自由。从理论上来讲，正像宪法中表达的，我们愿意给予一切人这样的自由。

要是一个人满足于1000欧元，情愿过清贫简朴的日子，也不愿去做他自己不能认同的工作，这也算不上什么坏事，不是吗？对！没什么大不了的！谁要是强迫自己做不愿做的事——上帝保佑！请他不要去这么做。这是您自己的生命！宁可去做别的事！您设想一下，您站在上帝最后的审判庭上说："我有一份稳定的工作，我是电动火车头的铲煤员！"

有多少人今天在做着他们本来不愿做的事？他们用他们的整个生命，一周接一周地做着他们不能认同自身的事情，这是一种令人恐惧的命运，这是奴役般的生活，令人感到畏惧。而基本收入创造出自由。

谁没有收入也就没有自由

讨论进行到这里，人们常常点头表示同意。倘若我们大家都是自由人，那真是美好。每人可以按照他的能力和他的需求去生活，没有人被强迫去做什么。正当人的思想还沉湎于这种人间天堂般的境域中时，有人此时会抢过来一把现实的大锤，他们会提出了"垃圾工人"论据："那么，谁来干这种肮脏的工作呢？"

"那好吧，"我提出反问，"你们家里是怎么做的？谁来清除脏东西？"

其中一人说道，他与人合租一套房子，大家制订了每人轮流打扫卫生的计划；另一位说，他付了合理的工资，雇人打扫；第三位说：他和他的同居伴侣订了规则，一个负责洗衣服，一个负责吸地擦洗打扫卫生。没有人生活在肮脏的环境中。

"垃圾工人"论据实际上是第二种对人的看法的论据。显然在这里有人认为必须存在一些人，人们对待他们可以像对待动物一样，可以少付钱让他们为自己工作。顺便提一下，当年在美国讨论结束奴隶制时，也有人提出过"垃圾工人"论据。

要想让人去干脏活，就得——用点儿嘲弄的态度——让一部分人活在压力之下，他们别无出路，必须接受每一份工作。而每个人有了基本收入的话，这种现象将不复存在。那样垃圾会堆积起来。现在只有两个半可能。

第一种可能性是创造一个有吸引力的工作岗位，这种工作岗位必须是收入得当，工作条件吸引人。有了基本收入之后，我们将会有一种至今为止从未有过的真正的劳动力市场，在市场上名为"被雇用者"的人也可以自由商谈，要是商谈结果不合意的话，他总还有他的基本收入。因此，谁知道呢，或许一个垃圾工人会比一个银行投资家挣得都多？

第二种可能性是设计一种做这项工作的机器，就像洗碗机那样。一百年前，人还不可能想象一个机器能够把玻璃杯洗得光洁锃亮。而现在已经有了自动倒垃圾车，不用人动手，垃圾车会将街道边上的垃圾桶抬起来倒入车箱里，只需要一个开车的司机，谁知道呢，不知还需要多长时间，或许那时也不需要司机了。

第三种可能性实际只能是一半的可能性，叫作"自我动手"。我若是既不能创造一个吸引人的工作岗位，也不能设计出做这项工作的机器，但又想完成这项工作，我就必须自己去做。但极少数人会对这种方式满意。因为从口袋里掏出手枪，强迫别人去干这事，来得更便捷轻松。遗憾的是，我们今天实行的正是这种方法，或多或少地以遮掩的方式，比如"让"战乱国逃来的难民在饭馆厨房地下室里干活；或强迫领社会救济金的人干"一欧元工作"，在公园里清扫落叶，不干活的话他们就没有收入生存。

没有收入的人也就没有自由。自由给放弃提供了可能性，您只有作为自由的人才可以说"不"。《浮士德》里提到，每当人迫于压力之下时，人就会"比动物更像动物"，他就不会恰当地按照自己拥有的可能性去行动。或者，用弗里德里希·席勒的话来正面表达，他在1792年奥古斯滕堡信件集中写道："人在温饱的生存条件下还不能体现出他更多的价值。但若要让人体现出他更好的秉性，那他首先必须处于吃得饱、住得暖的生存条件中。"

在关于基本收入的讨论中还有更聪明的人——您瞧瞧，漫长的冬夜还没过去呢！——他们提出的论据是，每人得到1000欧元基本收入是不公平的，因为有些人需要更多的钱。对此我根本不想否认。例如，1000欧元对一位身体截瘫的人肯定不够用，但他当然也得生存。经过两百多年来漫长艰辛的工作，我们有了社会福利法，基本收入并不能取代社会福利法。基本收入是月月都有的收入，一个人还继续拥有他迄今为止拥有的社会福利的权利。但如果他的需求没有超过1000欧元，他根本不必去申请社会福利。相反，那位截瘫的人会得到他每月需要的六七千欧元，以便他能生存。

在讨论中，有时也会有某些能快速计算的人，这些人大多是男人，用一只手数数："我得到1000欧元，加上我夫人的，还有三个孩子的——一共5000欧元，真棒！"人们可以看到，这些人眼中发着光，想着用这些钱可以干些什么。男的将钱投入他的业余爱好中，女的把钱花在家用上。这种情况下我反驳道："不对，不对，您得到的不是5000欧元，而是1000欧元。您夫人得到她该得到的1000欧元，您俩中的一人替您的孩子保管他们的基本收入。"或许他夫人根本不再是他的夫人，或许他儿子不再遵从父愿做银行职员，全新的自由和全新的可能性产生了！所以说，我有时发出警告，基本收入是费神费力的，人们不再有借口，不能再说："我本来想当海员，但为了买得起去不莱梅的车票，我得先挣钱……"

工资不是工作的结果，而是前提条件

讨论进行到这里，所有参加讨论的人都知道，基本收入不是一个是否可行的问题，而是一个思想意识问题：我们想如何生活，为什么生活？

来dm求职的人，照理讲他找的是一份收入。他得到了职位，开始在我们这里工作，他得到的不是一份工作岗位，而是一份收入岗位。不管他干什么，每月月底他得到他的工资。如果双方商定有试用期，就算雇员在试用期内行为不当，被解雇了，但工资还是要发给他。

因为，工资不是工作的结果和后果，而是前提！我这一生组织参与了无数次求职谈话，估计比大多数人参加得多。不知从什么时候起，我明白过来，如果不商定好工资高低的话，就不可能进行求职谈话，工资收入使工作有了可能。企业领导或整个企业的责任在于，要创造各种条件，使员工得到的不仅仅是一份收入，而且还要让他们认识到完成工作的意义所在，否则的话他们便不会去工作。工作本身是无价的。我要是想让某人为我做点什么，我必须付钱给他，他才能去做。

我作报告时，时常有人提出异议，说从推断的结果来看，应该在月初发放工资。对这个观点有两种回答，一种是从实用角度去回答，一种是从哲学角度去回答。从实用角度看，我们dm在月初发工资的话，员工会由此有问题。他离开了他原来的工作单位开始在我们这里工作，这样他就有了双份工资；最后他离开我们公司时，少了一份工资。从哲学角度看，发工资的时间点反正是无所谓的，终点同时又是起点。而且从法律角度看，无论何时发工资，双方的权利要求是不变的。最终，这实际上是一个社会协定的问题。

人从天性上讲是生活在生产性和接受性的对立关系之中。在接受阶段，他在消费；在生产阶段，他在为他人劳作。我们只需在这种对立的的环境中给人成长的机会。这需要信任或者说信心。每个人需要一份收入，以便他能工作。如果他想去工作的话，他必须能生存，死人不能再工作。而他想存活的话，就需要一份收入。

许多人因此得出这样错误的想法：我们必须去保障

工作岗位。我们得去细细地品味一下这句话。"保障工作",几年前大选时,在某一政党的选举宣传海报上有过这句话。"保障工作"真是我们的愿望吗?我们想保障工作吗?按照我的观点,我们想"完成"工作。假设早餐时,我将五个盘子里都放上果酱,我儿子会感激我的,我保障了我儿子有活干:"否则的话,你就没有足够的碗碟可以放进洗碗机里去洗。"

类似的情况,我在柏林遇到过一次。我与一位市民讨论大街上的污物,他说,他可以不计任何报酬清除脏物,但他并不想抢街道清洁工的工作。难道我们应该感谢人们往大街上扔垃圾吗?

不是的,这位柏林市民不想夺走街道清洁工的收入。他很可能非常乐意清除脏物,他和他的邻居一样,喜欢清洁干净的街道。我们不需要"制造工作的措施",而需要"制造收入的措施",或者说基本收入。工作只有得到别人的价值认可才有意义。只有价值得到了认可的工作,才能找到人去做。工作自然而然就会出现,我们会有足够的事去做。

就像我们一再混淆工作和收入一样,我们也将手段和目的、人和钱混为一谈:钱若变成目的,人不免成为手段;钱若保持是手段,人将成为目的。

> 我们通过每天的劳作挣得我们的生活费用，生活只能通过我们的付出才得以体现。
>
> ——彼得·斯洛特戴克

第十六章　接班人和建立基金会
或　一位媒体股东能得到多少分红，人如何让他毕生的杰作保持生命力

"您还记得加布里尔·菲舍尔吗？"一天早上，我的同事米歇尔·克罗德齐走过来问我，"您知道的，就是那位大约10年前在《经理杂志》上撰写关于我们公司纪实文章的女记者。"

我当然还记得她。1990年初，我结识了加布里尔·菲舍尔。她大学学的是政治学和社会学，她很年轻，也很有才华。出于某种多少有点偶然的机会，她进入《经理杂志》社工作。这之前，她在地方报刊《威悉河邮报》当记者。她以极大的热情发表了多篇抨击社会的文章。她大概早就感觉到自己在经济界是个异己分子。她的母亲生活在

卡尔斯鲁厄市,通过某些渠道,或许是《巴登新闻报》,或许只是通过邻居间的闲聊,她了解到,dm和其他企业行事方式不一样。

她向领导提出建议,想写一篇关于dm零售商的人物纪实报道。总编辑听后对她的想法反应很谨慎。《经理杂志》报道涉及的通常都是大工业企业,如蒂森、西门子之类的公司。像日化卫生保健品商店之类的企业在当时没什么新闻价值。尽管如此,她的要求还是得到了批准。于是,加布里尔·菲舍尔来到了卡尔斯鲁厄,在我们企业呆了三天,以便更仔细地观察我们企业。对我们而言,这也是一种新体验。至今为止,我们还没有让哪位记者如此长时间、近距离地走进我们的公司——当然,这之前也没有人真正对我们这么感兴趣过。

她来的时候,我们公司正处在"分店掌权"的改革阶段,公司里有的人还担心,在这样一种变革的处境中,我们或许不能给人留下最好的印象,但实际结果却是非常喜人的。

加布里尔·菲舍尔不仅理解了我们当时的所作所为,也理解了其缘由。她在我们这里的新发现给她留下了深刻的印象。该杂志的6月刊上发表了她写的文章,标题为《1001个想法》。文章总结了我们10年来在企业文化方面所做的工作。她讲述了我们的课题项目工作、我们的创新精神以及独立自主的分店。她提到,虽然我们需要长时间的考虑才能对事情作出决定,但这样做排除了常年去遮掩事情后果的风险。她使用的表达方法,如"这简直不可能是真的""正是这一点令人难以置信""自主决断""奇迹""艺术品"等等，这些显露出我们的想法和创造性如何使她这样一位善于批评的记者感到了惊讶。

给人留下深刻印象的大概是这句话："盈利不是dm本身的目的，目的是为了创造。"这表明我们的基本思想是：企业为人而存在，而不是相反。

10年以后，加布里尔·菲舍尔在事业上平步青云，先是在《经理杂志》社做出了成就，后来当了《Econy》杂志的总编，这是一个新创办的经济杂志，面向青年读者。可是一年以后因发行量不足，出版社停止了该杂志的出版。加布里尔·菲舍尔和编辑们非常失望，杂志并不缺少热衷的读者，相反，很少有一种经济杂志像《Econy》这样，获得了如此之多的赞许。但《Econy》是一个新的创意，而从热衷的读者变为杂志的长期订阅者需要时间，但是人们不给这份杂志和编辑们时间，不给予它成长的时间，只想着让这份杂志尽快出成果。出版了两期杂志之后，出版社就做出了停刊这种冷酷的决定。但编辑们并不认可这个决定。大约有10个编辑与总编辑加布里尔·菲舍尔站在一起宣布，他们不再只是想写写关于经济的文章，他们现在也想自己来经营！这在当时还成了一个小小的轰动事件。他们与一个中等规模的出版社进行合作，这位出版商认为，他投入的资金也能左右编辑们的观点，经过一段短暂时间的合作后，1999年编辑们重起炉灶，新杂志取名叫《烈火一号》。

我间接地了解到这件事，并为他们高兴，此事件清楚地表明，只要给他们平台，蕴藏在他们身上的企业家的力量就会迸发出来。

《烈火一号》的股东

他们放开手创业，但两年以后《烈火一号》陷入了严重的危机。为成立新公司出钱的投资者在股市上受损，在新兴的经济危机中陷入了财政困境，而事先几乎谈拢的一家持股公司又临时变卦。简言之，杂志创办人面临灭顶之灾。当时也没有时间呼吁杂志订阅者参加挽救活动，因为杂志出版社要想转变为股份有限公司在法律上需要办各种手续，耗费时间太长，恐怕等不到那时就会财源枯竭。加布里尔·菲舍尔的一位朋友私人解囊相助，"借出"钱，使出版社还能维持上两个月。但是，为了不至于承担未及时申报破产的罪名，在法律上唯一可行的挽救措施只能是将现在正在进行的与可能的合伙人的协商继续进行下去，取得结果。编辑们广集办法去找出路。所谓"正在进行的协商"是怎么回事呢？编辑给大约250个过去曾经有过某种联系的人写信求援，这些人知道钱是怎么一回事。

不久前，在卡尔斯鲁厄市的一个画廊举行的画展开幕式上，加布里尔·菲舍尔偶尔又见到了米歇尔·克罗德齐，所以他也得到了一封信。现在他拿着信站在我面前。

我拿起了电话，让菲舍尔女士静下心来为我讲述整个事件的来龙去脉。我还了解到，编辑们目前已经筹集到了20万欧元，但要想将杂志社正正经经继续办下去，至少需要100万欧元。我请求她将资产负债表给我看看，我想详细地了解一下他们的财政状况。除了20世纪80年代我的一些小小的越轨行为外，我再没有向其他任何公司投过资。

但现在这个故事打动了我。虽然从资产负债表来看，这个出版公司负债累累，令人绝望，但我还是坚信，这些编辑会以他们的办事能力渡过股市崩溃的困难时期。该杂志发表的文章是有其价值的。于是，我答应购买50万欧元的股票，前提条件是，他们能成功地筹集到100万欧元的总数。加布里尔·费舍尔认为这个数字是切实可行的。只是偿还债务是不够的，那只是保障了过去；他们另外还需要资金为未来提供保障。

转型成功了。一年以后，《烈火一号》从责任有限公司转变为股份公司，我突然变成了烈火一号媒体股份公司的最大的股东。接下来，我每年都规规矩矩地去参加在汉堡举行的股东大会。我以赞许的目光观察着这群年轻的媒体工作者勤奋地工作，其经营成果有起有伏，有发展的高潮，也有危机时刻。

在此期间，遇到经营不景气时，我们这些股东经常得出钱扶助。而在有些年度又有些小小的盈利报道，以至于有些股东觉得手可以放开一些了，但每次分红的要求都被我扼杀于萌芽之中。

有一次，股东里又有人提出要求，将盈利分红，我站起来，举起手中刚出版的杂志说："您想要什么？这杂志就是分红，它每个月准时规律的发行就是您的投资所得！"

一次讲话，一个大学教职和一次参加电视实况讨论

几年以后，我邀请加布里尔·菲舍尔到卡尔斯鲁厄市来，为我的大学生作一个关于妇女担任领导职务的报告。

这时的我接受了卡尔斯鲁厄大学的一个教席，在跨院系企业创业学院讲授企业创业。1999年，SAP公司的基金会用基金设立了五个关于企业创业的教职，卡尔斯鲁厄大学的教职是五个教职之一，这个教职应该是跨越院系的、面向所有专业的大学生的。通过讲座他们应获得有关理论和实践知识，为自己今后独立创业做准备。我的前任是企业家赖因霍尔德·维尔特，他担任了第一届为期四年的教职。2003年人们请求我当他的后继人，这对我来说是一个难以置信的挑战。毕竟我曾是一个不规矩的学生，只上了11年学就逃离了学校。我仅仅上过"生活的大学"。我既不善演讲，也不喜欢抛头露面。

我儿子至今还忘不了我在他学校家长会上作过的一次令他十分窘迫的讲话。阴差阳错，我摊上了那次讲话任务。那次家长会计划讨论学生的毕业晚会，我因故迟到了。大家正在讨论谁能来作个简短的讲话时，我踏入了会场。参加晚会的家长们用期待的目光看着我，我站在门口，因为迟到已经是心怀内疚，没有什么理由再去拒绝。"哎，维尔纳先生来了，正合适，您可以来作这个讲话。"我必须作这个讲话，我该怎么办呢？我站到了前面，不顾什么修辞文采，按自己认定的内容讲了起来。

幸亏我儿子要比我善于应变，当时他的一位女同学议论说，"一位这么大公司的领导怎么可能作出这样一番讲话呢？"我儿子回答说："看样子当公司领导不需要发表演讲这种本事。"

后来，我接到邀请，在慕尼黑现代市场方法大会上作报告。报告前我在度假中沿着北海的浅滩漫步了几小时，边走边练习我的报告。最终我作的报告还说得过去。从此以后，我刻苦练习，训练自己如何理清思路，如何制造悬念。但登台演讲始终不是我十分乐意去做的事。

现在这个大学教职找到了我，这是一种莫大的荣誉。我左思右想，可以说，最终我没有勇气拒绝，我必须接受这项挑战任务。我问自己，到底怎样学习创业？作为一个企业家或想成为一个企业家要具备什么条件？慢慢地我理清了头绪，明白自己能给大学生讲些什么和想给他们讲些什么。这样，讲课成为我的一项重要的事业，我十分乐意并以极大的热情在这个教职上干到了2010年。

如果遇到合适的机会，我就会邀请客座讲师来讲课。正是这样，2009年我邀请了加布里尔·菲舍尔来讲课。正如预先所料，她的报告带来了新的思路，启迪了大学生们。报告结束后，我开车带她去她生活在卡尔斯鲁厄市的母亲家。路上我们闲聊，她告诉我，有一次一个读者给她打来电话，向她阐述某些改进税收体制的奇怪想法。差不多20年来，我与高层次的专业人士共同探讨过税收体制的问题，我知道，这不是一个我们在开车的短短时间内能谈论的题目。于是我指出了问题的要点："菲舍尔女士，您知道，这里涉及到两个要点：消费税和基本收入。"她对我的问题穷追不舍，问这问那，但我们已经到达了目的地，我们的谈话也就这么结束了。

一个星期以后，电话铃响了。加布里尔·菲舍尔回去以后对我提出的问题作了思考。早在2000年，《烈火一号》的编辑就关心基本收入这个论题。这些搞文化创作的人觉得这是一个不同凡响的想法，他们可以在财政上解除基本的生活之忧，追随他们的创造理想。也就是说，你不想工作的话，有基本收入是件好事。但在当时，这个论题还没有一种明智的资金支持手段。而现在，基本收入和消费税结合起来，编辑们看到基本收入这个论题有了新的展示空间和前景。

我们进行了一次细致的采访谈话，我详细地陈述了我在过去几年对这个问题的思考，而这位女记者理解了我的想法，她还将我有些复杂的思想和措词用直观而易懂的语言表达出来。这篇文章发表在2005年4月号的《烈火一号》杂志上，这一期的主题是"如何继续？"。这篇文章获得了出乎意料的反响。

在我卡尔斯鲁厄的办公室里响起了电话铃声，德国电视一台每周日晚间播出的萨比内·克里斯蒂安森嘉宾讨论会的编辑邀请我参加电视节目。就这样，在2005年5月1日劳动节那天，我意想不到地坐在了柏林的电视录制室里。这次一起参加讨论的嘉宾还有马蒂亚斯·德普夫讷，他当时是阿克塞尔·施普林格出版集团的总裁，还有德国工会联合会主席米歇尔·佐默尔、股市专家弗洛里安·霍姆、当时的萨克森州州长西格马尔·加布里尔，以及当时选出的自由民主党秘书长迪尔克·尼贝尔。讨论的主题是："资本和财产的义务——目的何在？"

得到萨比内·克里斯蒂安森节目的邀请，这就像是某种形式的媒体界的骑士受封仪式，谁曾在那里被邀请过，谁就会被所有的媒体包围。我突然接到了众多的邀请，让我去作报告，进行采访问答，请求写评论、专栏文章等。2005年9月发行的《烈火一号》杂志，主题为"不再做全职工作，我们有更好的事情要做！"，围绕基本收入论题进行讨论。后来，《烈火一号》杂志一再讨论过这个题目，最畅销的是2012年8月发表的期刊，主题是"无所作为——但要行之正确！"。文章中并没有为懒人出谋划策，而是讨论创造性的闲暇和新的工作形式所能带来的机遇。

自从上了萨比内·克里斯蒂安森的电视节目之后，我几乎没有一天不再谈论基本收入问题。这就如同烟花，一旦被点燃，就会像火箭般地升入星空，照亮夜空。而第一次点火的是那次《烈火一号》的采访。这个想法还会继续成长，就像酝酿中的火种，总有一天它会变成燎原大火，只是我们还不知道，它什么时候会发生。

退出dm："维尔纳先生现在不坐在那里了！"

有时，有人会谈到我，说我有意识地将基本收入这个题目搬上日程，以便用十分巧妙的方式为dm做广告，这当然是胡诌。我从来没有想过去专门策划这个论题。我也没有意识到广播电视的作用，而且以前也没有人来找过我。现在报纸、电视或活动主持人都来找我，基本收入这个观点对于媒体有这么大的吸引力，原因不在于我推动了它的进程，不是的。显然是人思考问题的大环境变了，越来越多人准备敞开胸怀去接纳个人自主创业的想法。因为基本收入的前提条件是，每一个人是他自己（生活）的企业家，基本收入使他能够发展和实现他个人的现实梦想。

正如我三年前就宣布的那样，2008年我真的如期退出了企业领导层。幸亏我年轻时亲眼看到了我父亲的经历，知道人要是不好好做准备，这种交接班将会困难重重。许多企业家的问题在于，他们对未来接替这个职位的接班人缺乏信心——因此，他们试着尽量能干多久就干多久。正因为如此，我在过60岁生日的时候就拿定了主意，并公开宣布，我将于2008年离开我的办公室。

我也正是这么做的。2008年5月16日，我离开了我的办公室。大家应该看到：维尔纳先生现在不坐在那里了。在这之前的这么多年里，我投入了那么大的精力，让分店和员工掌握职权。现在，我不能让人有幻想，觉得我在退出之后还想对公司的事情有直接的影响力。仔细观察起来，我的退出实际上如同dm其他所有事情的发展一样，是一个自然有机体的发展过程。从我创业打前锋的第一天起，随着时间的推移，我要保持成功，就必须不断地交出权力。因为我们持续取得的成就不断带来新的任务，让我应接不暇。我根本没有别的选择，在这样的发展阶段，我得信任别人，引导别人担负起企业的责任。而现在，我径直迈出了新的一步，就像一片树叶，从树上飘落下来。

对交接班的时间，我慎重地做了准备工作。早在2004年，我去找埃里希·哈尔施，我告诉他："我在考虑，几年后退出领导职位。我认为，您是dm领导层执行主席的合适人选，您从现在起就当我的代理人，您的意见如何？"埃里希·哈尔施感谢我对他的信任，但他恳求我给他点儿时间思考。几天后他又找到我："维尔纳先生，非常荣幸，您信任我可以担当这个职位。但对我来说，更重要的不是您这样想，而是领导层的其他同事也这样认为。"他请求我不要直接从同事中选拔他，而是最好让大家公开讨论代理人的问题，看看会有什么样的结果。

我们正是这样做了。运用dm的典型程序，几经讨论，领导小组果然推选出了埃里希·哈尔施。他在随后的几年里先做我的代理人，我因为各种各样的原因需要人代理我的工作。例如，我们认为斯图加特的学校对我们的孩子更合适，于是，2005年我和我的家庭搬到了斯图加特。这对我和同事都有益处，先试试有点距离感。我越来越少、不再每天去卡尔斯鲁厄，这样我们可以相互学习、了解和练习，看看在dm创始人不在场的情况下，dm的生意如何完美地继续运行。

由此说来，我退出领导工作的这个过程经历了好几年，我有意识而且慎重地为这一天做好了准备工作。这样，当我最终将接力棒交给我的接班人时，我真正有了一种如释负重的感受。

最直接的例子是，从我交出权力的那天起，我停止了咬手指甲的习惯。在我的一生中，大概是承担的职责所致，我有咬手指甲的习惯。现在这一切都过去了。我现在是企业监理会的普通成员，我只是以这个身份还在关注着dm，就像每个监理会成员那样，负有责任，以清醒的头脑和批评的目光追随着在dm发生的事情，但我不再插手具体的决策。尽管如此，我不愿改掉我的老习惯：每当我在旅行中路过一个dm分店时，要进到店里与员工们交谈。到现在为止，他们还知道谁是"维尔纳先生"。

在我退休的最初几年里，尤其是在经济界的圈子里，我有时会遇到同情的目光，听到人提问："您真的想将您一生的杰作就这么交出去吗？"我会友好地点点头说："只有当生命的杰作被妥善安置，使它的生命力被人继承下去，这样它才能称之为生命的杰作。"

基金会保障企业的未来

正因如此，我早早地对dm日化卫生保健品公司的公司形式做了思考，我的朋友贝内迪克吐斯·哈道尔普在这件事上给了我十分珍贵的建议，其缘由是我对公司的法律形式非常担忧。dm在法律形式上是责任有限公司，这种形式有许多缺陷。多年来公司一直有两个权利平等的合伙人，我和君特·勒曼先生，我们各有50%的所有权。但是，如果我们其中的一个人不在人世了，那会发生什么事呢？遗产继承者会负起责任来吗？

毕竟我有7个孩子，他们虽然相处得很好，但民间的说法恐怕还是有一定的道理："兄弟姐妹相处得好？那他们恐怕还没遇到过遗产问题。"我虽然被各种经济报刊冠以德国最富有的人之一的名号，但这并不是说我像唐老鸭的叔叔达戈贝尔特一样，每天早上跳入铺满金币的游泳池里游泳。我的财富是纸上的财富，是由dm的股份组成的，我只有卖掉我的股份，才能花这份钱。

就算我的孩子加上我的女婿和儿媳，也就是说法律上承认的或许有14个人，他们团结一致，愿意共同让这个大企业的事业继续进行下去，但他们为了支付遗产税，也得卖掉股份。仅仅这一步可能就意味着dm的终结。

于是，我听从了贝内迪克吐斯·哈道尔普的建议，成立了dm-维尔纳基金会，将我拥有的dm全部股份转入基金会。过去和现在，我关心的事都是长久为企业打下最好的基础，而一个基金会可以"永存"。钱是通过dm的经营挣来的，因此钱也应该由dm来支配。

　　基金会要保证企业领导继续奉行现在的盈利政策，即仅仅追求能使企业的经济稳定所需求的盈余。为企业稳固的前途进行足够的投资之后，剩余的盈利用于公益性的目的。这一切写在了基金会的章程里。我目前是基金会的领导，如果这一领导形式以后转变为基金会理事会的形式，基金会的章程也是不会变的。与此同时，通过这种形式，企业的这些股份不再可以变卖，这也就杜绝了任何私人用钱的可能性。因为，顾客才是我们企业牌子的所有者。在dm，人们在经营中相互合作、相互依存，只要dm能以这种形式靠自己的力量生存，就没有人能撼动它。

　　建立基金会还有另一个原因，这个原因促使我不仅作为企业家，而且更是作为父亲来思考问题。在我的孩子眼中，dm是我的生活，而不是他们的生活。对我而言，dm是我自己选择的道路，并且我能与之共同成长。但我不想给我的孩子留下一副重担，阻碍他们寻找和开辟自己的生活道路。他们不应该因为父辈卖牙膏，他们也得卖牙膏。总是踩着别人的脚印行走的人，留不下自己的足迹。

　　有一次，一位记者当着我儿子的面用夸张的方式说晦气话，他说："维尔纳先生的孩子现在得忍饥挨饿了。"当时我儿子断然打断了他的话，反问他："您的父母给您留下了一个企业做遗产吗？"记者疑惑地摇摇头。"您在忍饥挨饿吗？"记者又摇摇头。"那为什么我就会忍饥挨饿呢？"

我们一切行为的缘由在于,人有各种发展的可能性。我们步入生命之始,还根本不知道自己将会成为什么样的人。我的孩子必须像其他人一样找到自己的道路——以我之见,他们会为可以这样去做而感到非常欣慰。

创造性是通过超越已走过的路途而实现的：对已走过的道路清晰的认识产生于事后，由此而形成了自由艺术家。

——约翰·戈特利布·费希特

后记
或 为什么我们总是在事后才知道，一件事是如何发展的，它最终的结局是什么？

要是我今天站在我们分店领导面前，有时我会问大家："你们中有谁在我们企业做过职业培训？"许多人举起了手。我又问："谁还能记得起自己当时的情况？当时大概没人敢相信，你们今天能独立领导着一个拥有二三十个员工，甚至拥有更多员工的分店！"

现在，dm的上层领导由9个人组成，其中，有4个人是以参加双元制学制的大学生身份进入我们公司的，第5个19岁时中断了大学法律专业的学习，从奥地利来到我们公司，他也是现在的dm领导层的执行主席，我的接班人。

当时谁能预料到这一切呢？

我自己呢？在学校留过级，11年以后中断了学校的学习；当过德国划船青年组冠军；当过经营日化卫生保健品商店的学徒；当过经理代理人；是一个被父亲驱逐的儿子、现实的梦想者，被迫自主创业。35年以后为后继者留下了一个拥有30000名员工、2000个分店和差不多5个亿销售额的企业。我有过两次婚姻；是7个孩子的父亲，是祖父；是大学教授；是基本收入问题的先驱者；是基金会的创立人；是作者。

谁会预料到这些呢？

一个小孩不是在一天之内学会走路的。某一天孩子会走了，大家都很惊奇：啊，这孩子能走路了。有的人认为：孩子在今天学会了走路。孩子自己也意识到，我能走了！二十年后，他成了奥林匹克运动会百米赛跑的冠军。回顾往昔：我的成果从何而来？我究竟为此做了些什么？为什么我会知道其中的奥妙？

人们往往是在事后才认清了成功之路。今天，回顾往昔，我只能说我非常幸运。假如当时我的领导一开始就同意了我的设想，事情的发展就会是另一种局面。正因为他拒绝了我的想法，我才自己创业成为企业家。同样的想法，假如早几年或仅仅早几个月，或晚几年或晚几个月出现，谁又能知道我将走的是一条什么样的道路呢？

但有一点我敢肯定，我现在探讨的是一个企业。因为，每一个人都是一个企业家——是一个生活的经营者。每一个人都在写着他自己的生平传记。人的一生如同一个企业，是不可预测的，但两者同样都是可以被塑造的。重要的是要自觉地这样去做，只要我这样去做了，我观察世界的视野就变了。我对每一天、每一项任务就有了新的判定标准。最终，我的一切所作所为是我的生平自传的一部分。我不断地为我的生命投资。

企业家需要有前瞻的能力。每一个人都有预见能力，至少他能看到他面临着什么。一个人需要这种能力，只有这样他才能为自己打开并合理地利用一个创造性的活动空间。

展望未来得出的结论是：我们不能继续像今天这样过日子了，不能像今天这样消费了，越来越多的人认识到了这一点。今天已经有许多人在发问：我买东西的这个企业是一个什么样的企业？我的购买消费行为在支持着谁？这些问题在二十年前极少存在，而如今人们越来越频繁地提出这些问题。

一个企业能够打着可持续发展的旗号，同时却又支付上百万元做广告，引诱顾客购买他们用不着的产品吗？不削减"多余"的消费，我们真能提倡可持续的贸易吗？

迄今为止，大多数人的注意力几乎只是聚焦在物质的层面上，这也带来了巨大的财富，我们现在在物质上是供过于求。相反，在社会问题和人与人之间的关系问题上却有着巨大的缺陷。在我们的问题中，99%是社会问题。在社会问题层面上，每一个人都有责任。无论在什么处境，我们的任务是对周围的人的需求——无论是父母、孩子、配偶还是朋友——有所了解并且自主自愿地为他们做点事。当匮乏和过剩同时出现时，就说明我们必须要行动起来了。明白这一点的人也知道：只要有人一起共处，就会有要解决的问题。或换句话说：每个人都可以卖牙膏，但与他人一起为大家准备好待出售的牙膏，这是一门社会艺术。

因此，我们需要的人不仅仅是他自己的生活的经营者，他们也应该成为出类拔萃的社会艺术家。我预料会有这一天！

鸣　　谢

　　本书写作之际，我可以列举出众多人对我的帮助和支持，多年来，无论是在我的私人生活中，还是在我的职业生涯里，他们都伴随着我，给予我援助。这更加清楚地表明，我们绝不可能单独行事，我们的劳动成就是大家共同努力的结果，出自大家相互启迪的灵感。人不可能单独生存，我深深地感激这个确信无疑的认知。

　　首先，我想感谢我的夫人贝阿缇丝，她如此出色地丰富了我的生活。她打开了我的眼界，增加了我的见闻，开启了我的心灵，让我能够感受世上美好的事物。与她在一起，我发现了艺术的宽广和深奥，发现了音乐的灵魂，也发现了爱情微妙的韵律。我们在一起能够为我们的孩子柯内莉亚、克利斯多夫、贝蒂娜、米夏艾娜、约翰娜、索尼娅、马蒂亚斯共同营造一个家，在这个家园里，孩子们能够最好地展示和发展自身。

我还要感谢一切帮助我的人，他们用回忆、图片和谈话的形式辅助我，使这本书的内容变得翔实和生动。他们是：我年轻时的朋友和生命的同路人乌尔里希·茨威斯勒，我划船的老伙伴和生意上的伙伴君特·鲍尔，我的导师和顾问贝内迪克吐斯·哈道尔普博士，我的舅子、朋友和生意伙伴格茨·雷恩，以及我的同事和dm的同路人埃里希·哈尔施、马可·梅斯科利、米歇尔·克罗德齐和赫伯特·阿尔滕。

我还想感谢安德来·比尔托洛努，他知识渊博，了解dm的历史，这些年来，包括在出版这本书方面相助于我。还有dm监理会主席，我多年来的法律伙伴海诺·吕克博士，他对这本书的推动价值非凡。我尤其还要感谢艺术家恩诺·施密特，他多年来不仅致力于研究基本收入这个论题，而且还致力于研究海尔姆特·吉·滕·西特豪夫生平传记的观点，感谢他对本书的推动作用以及他的观点对本书的影响。

女记者和顾问克劳迪阿·科内尔森对本书的产生起了重要的作用。她帮助我，把我所关切的为人服务的领导行为和有关无条件的基本收入的想法用自传的形式关联起来，使它们在自传中表达出来。通过她的追问和调查研究，我重新回忆起许多被忘却了的东西；以前一些零星的思考片段现在成为可靠的、思虑过的整体。

这本书的出版也得到了Econ出版社的工作人员的支持。首先是项目负责人于尔根·迪斯尔，正是他坚持不懈的努力才唤起了我写一本自传的决心。汉娜·许勒最后对文字做了审阅和校订。

我衷心地感谢大家，并且希望通过我们共同的努力为大家奉献出一本有阅读价值的书。我最大的心愿是，能有更多的公众对dm的经营方式和领导作风产生兴趣并为之振奋，使得以人为中心的经营方式和对话式的领导作风产生出一种传导性的力量，在一个公平和团结的环境中，尽可能有更多的人能够作为自己生命传记的书写者自由地展现自身，这也是我们大家的愿望。